沈阳师范大学法学学术文库

SHENYANGSHIFANDAXUE FAXUE XUESHU WENKU

唐代拟制判决中的法律发现

——对唐代判词的另一种解读

夏婷婷◆著

中国社会科学出版社

图书在版编目(CIP)数据

唐代拟制判决中的法律发现:对唐代判词的另一种解读/夏婷婷著.
—北京:中国社会科学出版社,2012.7
ISBN 978-7-5161-0728-7

Ⅰ.①唐…　Ⅱ.①夏…　Ⅲ.①唐律—研究　Ⅳ.①D929.42

中国版本图书馆 CIP 数据核字(2012)第 065951 号

出 版 人　赵剑英
责任编辑　蔺　虹
责任校对　王俊超
责任印制　戴　宽

出　　版　中国社会科学出版社
社　　址　北京鼓楼西大街甲 158 号(邮编 100720)
网　　址　http://www.csspw.com.cn
　　　　　　中文域名:中国社科网　　010-64070619
发 行 部　010-84083685
门 市 部　010-84029450
经　　销　新华书店及其他书店

印　　装　三河市君旺印装厂
版　　次　2012 年 7 月第 1 版
印　　次　2012 年 7 月第 1 次印刷

开　　本　880×1230　1/32
印　　张　6.625
插　　页　2
字　　数　156 千字
定　　价　36.00 元

凡购买中国社会科学出版社图书,如有质量问题请与本社联系调换
电话:010-64009791

总　序

以前，我对沈阳师范大学知之甚少，实属孤陋寡闻。自从沈阳师范大学法学院的单晓华教授加盟法学所博士后流动站后，我作为她的合作导师，才开始逐步了解、关注这所具有悠久历史的学府。在沈师大校庆60周年到来之际，沈阳师范大学法学院隆重推出"沈阳师范大学法学学术文库"，法学院领导希望我能为之作序，虽明知难当此任，但却之不恭，不如从命。

早在新中国成立之初，根据中共中央七届三中全会的部署，国家对当时的教育和科学文化事业进行了调整和改造，即调整一批老式高等院校，建立一批新式社会主义高等院校，东北教育学院——沈阳师范大学的前身就在这样的历史背景下成立了。

沈阳师范大学法学院也经过近二十年的发展与变革，取得了丰硕的成果和骄人的业绩。1996年4月，经国务院学位委员会批准，法律系取得了民商法学硕士学位授予权，成为当时全国高等师范院校中第三个法学硕士学位点。2007年4月民商法专业被辽宁省委宣传部批准为省哲学社会科学重点建设学科，2008 年 3 月民商法专业被辽宁省教育厅批准为省重点培育学科，2009 年 3 月民商法专业被辽宁省教育厅批准为省优势特色重点学科，尔后又分别取得法学理论、诉讼法学硕士学位授予权。2007 年 5 月又获得法律硕士专业学位授予权。经过沈阳师范大学法律人的不懈努力，学科建设取得一定成绩并初具规模，积累了大批优秀的科研成果，形成了自己的特色和优势。

在沈阳师范大学法学院的教师队伍中，活跃着一批学历高且富有朝气的年轻学者，他们颇具法学素养，潜心学术研究；他们热爱三尺讲台，勤勉教书育人；他们关注国计民生，重视法治实践；他们开阔国际视野，借鉴他山之石。沈阳师范大学法学院的广大教师在平时的教学耕耘与学术研究中收获了累累硕果。在此基础上，他们决定编辑出版"沈阳师范大学法学学术文库"系列丛书，这既是对沈阳师范大学 60 华诞的一份厚礼，也是对这所辽宁法律教育与学术研究的重镇所取得成就的一次检阅。我希望这套法学文库能够成为后来者在法学研究和法律教育的道路上继续攀登的阶梯，更希望通过这些文章，能够向热爱法学、崇尚中国法律研究的读者展示沈阳师范大学的治学精神与科研传统。

《中庸》论道："博学之、审问之、慎思之、明辨之、笃行之"，阐释了学术研究探索真理的精神以及达到知行合一境界的必由之路。从对世界历史进程的审视与洞察来看，社会发展、科学昌明、思想进步，制度革新，从来都离不开法学研究的力量与成就的滋养与推动。

一所优秀的综合性大学是国家与社会发展中一种不可或缺的重要力量，而法学研究的水平则体现了中国社会主义法治的发展程度和综合实力，是社会进步、法制文明的重要标志。因此，一所大学的学术氛围，不仅在很大程度上影响和引导着学校的教学与科研，而且渗透和浸润着这所大学追求真理的精神信念。正如英国教育思想家纽曼所言，大学是一切知识和科学、事实和原理、探索与发现、实验与思索的高级力量，它的态度自由中立，传授普遍知识，描绘理智疆域，但绝不屈服于任何一方。

大学的使命应是人才培养、科学研究和服务社会；高等教育发展的核心是学术和人才。因此，大学应成为理论创新、知识创新和科技创新的重要基地，在国家创新体系中具有十分重要的地位和意义。沈阳师范大学法学院是一所正在迅速兴起的学院，其注重内涵建设和综合协调发展，法学院贯彻“强管理、重服务、育队伍、出精品”的工作理念，通过强化科研管理，建立、健全科研制度、凝练科研队伍、打造科研精品、营造科研氛围，使教师们的科研积极性空前高涨，取得了丰厚的科研成果。近五年来，法学院教师出版专著 53 部，发表论文 180 多篇，科研立项 60 余项，科研获奖 60 余项。法学院秉承“博学厚德　求是笃行”的院训，以培养适应社会主义市场经济和法治建设需要的应用型、复合型法律人才为目标，以本科教学为中心，以学科建设与队伍建设为重点，大力发展研究生教育，努力建成专业特色显著，国内知名、省内一流的法学教育研究与法律实务相结合的法学院。

这套文库的出版，将有助于提升法学科学的学术品质和专业素质。法学教育是高等教育的重要组成部分，是建设社会主义法治国家、构建社会主义和谐社会的重要基础，并居于先导性的战略地位。在我国社会转型时期，法学教育不仅要为建设高素质的法律职业共同体服务，且要面向全社会培养大批治理国家、管理社会、发展经济的高层次法律人才。沈阳师范大学法学教育适应侧重培养懂法律、懂经济、懂管理、懂外语的高层次复合型、应用型人才的目标定位，在培养具有复合知识结构的本科生、研究生方面形成了鲜明的法律实务特色。法科学生在重点学好法学核心课程和教学计划的其他课程外，适当广泛涉猎、阅读学术专著，对巩固、深化课堂知识是十分必要的。在教材之外，出版一批理论精深、博采众长、体察实践、观点新颖的专著，可以有效满足学生解惑之需。本文库诸部著作，围绕诸多法学领域及法治实践中的重大疑难问题，对我国相关法律制度加以细致的探讨与阐述。这将有助于拓展法科学生的视野，为他们思考、研究问题以及应用法律提供新的方法和视角，进而登堂入室、一窥门径。

这套文库，在选题和策划上，偏重法学领域中实践意义重大且学界较少探讨的具体问题；在内容上，较为侧重对具体问题的深入分析和制度的合理构建。这固然与沈阳师范大学法学院以理论法学为基础，以诉讼法学为特色，以民商法为支撑，集中发展新兴二级学科的学科发展战略有关，也是对法学研究方向思考的智慧结晶。从宏观角度而言，目前我国的法学学科框架已经基本成熟，法学界对法学各学科的体系、基本原则和基本理论已难觅较大争议。因此，沈阳师范大学法律人能因应法律实践的需求和法治完善的需要，对前人较少涉及的一些具体法律制度及其微观层面展开深入细致的研究，揭示其所依存的理论基础，提供富有可操作性的制度设计，以此推动法学研究与法学教育的进步，并推动我国法制臻于完善，这无疑是一种值得嘉许的学术视角和探索尝试。

是为序。

陈泽宪

2010年秋谨识于北京景山东隅

目　录

序

夏婷婷博士的《唐代拟制判决中的法律发现——对唐代判词的另一种解读》，是在其博士学位论文基础上修改、加工而成的。

研究唐代判词，难度较大。唐判用典颇多，没有相当的文史基础，读懂已属不易。在本书中，作者全文引述并重点分析的判词达40多道，没有认真研读的功夫，是难以做到这一点的。而这恰是本书的难得之处，也是作者的可贵之处。我们在本书的结尾，看到了作者对张鷟《龙筋凤髓判》（79道）、白居易《甲乙判》（101道）、《敦煌出土判集》（28道）等共200多道判词的细致分析——三大判集中的每一道判词的判目内容、法律依据、案件性质、判目中的裁定公允与否及作者倾向等问题，进行了详细列表，一一指出。这保证了作者对原材料把握的准确和分析的准确，是作者进行分析和论证工作的基础，也是保证论文得以成功的基础。因而，就资料分析和使用而言，本书写作的基础是扎实的。

研究唐代判词，可以有多种角度。该书尝试了使用法理学的原理和方法，就唐代判词所反映的中国古代的拟制司法判决中的法律发现问题，进行讨论，这无疑是个全新的视角。以现代法学原理与方法研究古代法律问题，关注点的不同，术语的隔阂，横亘在古今之间的这一难题，已经使事情难度倍增。好在作者的这一大胆探索，应当说是比较成功的。法律发现、案件事实推理、影响法律发现的主要因素等理论和实践问题，都被比较好地得到了解决。同时，作者重视基本理论在解释古代法律现象中的运用，无论是对法律解释中的解释方法或解释类型的分析与归纳，还是对事实发现问题上的推理方法与特征的描述与分析，都是比较恰当的，尽管在某些方面还有值得进一步提炼之处。

祝贺夏婷婷博士该书的出版。冀望其继续努力，不断进步。

霍存福

2012 年 3 月

第一章　法律发现的一般理论

一　什么是法律发现——一个舶来的法学概念

法律发现又叫法发现，是西方法学家惯常使用的术语，是指在特定的制度内用以发现与解决具体问题或在具体问题上确定与案件相关的法律原则、规则的意义而使用的方法。随着“自动售货机式”的三段论在司法实践中的告急，人们思考法律问题的立场开始从立法中心主义转向司法中心主义，为了使法官在忠于法律与追求正义的活动之间不发生冲突，法学家们开始为从事法律职业活动尤其是审判活动列出了一系列的方法，而法律发现就是其中之一。日本法学家川崎武夫曾说：“所谓法学方法论是指在裁判中如何正确发现法律标准的理论，大陆法系国家对法学方法论的普遍认识是有关正确确定作为法源的法律（实定法源包括成文法和习惯法）的解释和适用方法的法学理论。”[①] 由此可见，

---

① ［日］川崎武夫：《法哲学与法解释学》，晃洋书局 1975 年版，第 330 页。转引自陈金钊《司法过程中的法律发现》一文，载于 http：//www. law - walker. net/detail. asp? id=1831，2011. 12. 12。

作为法律方法的法律发现，是一种对法律职业者尤其是对法官具有支配力的理论，它的目的是找到一种对个案而言既正当合理，同时又不违背立法意图的裁判方法。

法律发现的概念，在西方法学界并不是一开始就达成一致，不同的学派对此有过不同的态度。传统的分析法学认为，法律是主权者的命令，法官的职责仅限于运用逻辑的方法适用法律，法律本身业已“自满自足”，法官仅以法律中所含概念作为大前提，运用逻辑去推演，以解决一切问题。不允许在法律之外考虑道德及其他善恶问题，司法者只考虑运用法律这一问题即可。

与分析法学派不同，历史法学派则认为，法律是民族精神的产物，与政治力量并无过多关联。在法律发现这一问题上，历史法学派主张，法律是发现的，并非制定的，其成长之本质乃系一无意识的、自然的过程；立法只是对法律自然成长过程的总结而已；法律因不同民族而产生不同习性，不可能放之四海而皆准。对于法官司法，历史法学派认为，法官之职责乃在于发现法律，适用法律，绝不可以用自己的智慧创造法律。

在历史法学派之后，对法律发现又出现了第三种态度，即关于法律的自由发现。此观点系自由法学派提出的，自由法学派认为概念法学过于机械，发现了共性的法律难以弥合其与具体个案之间的缝隙，因而主张限缩成文法的权威，扩大法官的自由裁量权，希望法官自由地发现法律，以弥补成文法典的缺陷。法律的自由发现理论主张，法官适用法律可以不受任何约束，可以自由地从社会生活中去发现。

总结上述三种对法律发现的态度，会看到历史法学派与分析法学派的法律发现有一个共同点，就是主张在法官自身之外，或在成文法中、或在社会生活中去发现法律，因此被学者称之为客观主义发现论。而自由法学的法律发现，是典型的主观主义发现论，他们过于强调法律的不确定性，主张法官可以不受任何约束地发现法律。不可否认，主观主义与客观主义的法律发现理论，在一定程度上模糊了我们对司法活动的正确认识。因为，从处理案件的整个过程来看，它是一个主观与客观相统一且相互渗透的活动。只要存在法律，法官的任务之一是要表现为对法律的忠诚，但法官也是有主观情感和价值偏好的普通人，他不可能不进行主观思考，这在一定程度上会融进自己的价值判断和情感判断。主观主义与客观主义所争论的“法律发现”问题仅是法官是否有超越法律条文解释法律的权限之争，并未涉及实质意义上的法律发现的含义。

除了上述三个学派曾对法律发现给出过自己的态度之外，作为法社会学派代表之一的马克斯·韦伯则从立法与司法二元论的角度对法律发现给出过解读。他认为我们现今的法学思维习惯，政治团体的活动在“法律”方面可分为两大范畴：“法创制”（立法）与“法发现”（司法）。“法发现”，指的是将那些被制定的规范和透过法学思考的工作而从那些规范导出的一个个“法命题”，“适用”到“含摄”在这些命题下的具体“事实”上。[①] 通过韦伯的创制——适用的法发现理论，我们可以看到，作为立法者是“对某种限定和指明类型案件所做判决中共同要素的一种概括”。

---

① ［德］马克斯·韦伯：《法律社会学》，康乐、简惠美译，广西师范大学出版社 2005 年版，第 24 页。

而作为法官，如何赋予这些具有共性的法律规范以生命，这就需要将导出的一个个“法命题”，“适用”到“含摄”在这些命题下的具体“事实”上。

当然，如果法官遇到的是典型案件，即与法律规范所设计的模型完全一致的案件，那么法官只需把法律规范作为大前提进行三段论式的法律推理，即可得出正确判决结论。但在实际的司法实践中所遇到的大多是疑难案件，法律规范难以完全含摄案件事实，面对这样的案件，法官在思考成文法向判决转换的过程时，需要寻求判决的合理基础，因为人们的希望不仅停留在立法者以立法的形式来规制现实生活，更多的是要求法官对具体个案的判决符合公平正义的法治技艺。而我们所讲的法律发现其实就是这样一个在个案中寻求正当性、合法性的动态过程。所以，抛开主客观论之后，我们认为，法律发现是在法律理念的指导下运用演绎、归纳、类推等逻辑思维模式，从法律渊源中寻找适合个案的法律，以达至解决纠纷的过程。用一句话来概括就是，法官运用法律人的思维发现适合个案的法律的过程。卡尔·恩吉施曾经说过这样一句名言：“一旦有人适用一部法典的一个条文，他就是在适用整个法典。”[①] 既然法发现是一个过程，那么在这个过程中就包括了法官应从何种场所中去发现法律；发现适用的法律之后又该如何对其进行解释；在发现法律规范的同时，对于具体的案件事实的推理也是法律发现的应有内容。

① ［德］卡尔·恩吉施：《法律思维导论》，郑永流译，法律出版社 2004 年版，第 73 页。

二　法律发现在我国适用的必要性及理论依据

法律发现的概念已然在西方法学界得到了系统化的论述和研究，但此概念被引入中国还是近几年的事，且很少被学界提及和使用。这其中最主要的原因是因为我国是一个成文法诞生较早的国家，且“立法者君也，守法者臣也”的法制两分法，人为地忽视了法律在司法领域如何运作的研究。也就是说，我们的法学研究对成文法如何实现其法律效力的中间环节是不够重视的，很少提及法律发现的问题。在普通人的观念中，法律就是由立法机关用文字的形式作出的正确的、公开的规范性表述，而执法者的职责就是要遵照成文法条来“照章办事”，至于立法机关所创设的法律是不是够明确，看似一目了然的法律是不是具有隐蔽性等问题不做过多的考虑。而且，目前我国的法律解释体制也存在问题，考察我国现行司法审判制度后会不难发现，立法机关及最高法院在某一法律、法规出台后，联合或单独做出系统而全面的解释，这种解释显然是在与具体某个案遭遇之前进行的，而这种解释其实与再次立法无异。

在我国目前法官队伍素质特别是基层法官的整体素质还有待提高的情况下，法官应对绝大部分案件的手段就是案件事实与法律文本之间的简单对应，仅局限于使用文义解释这一种解释方法来应对一切问题，其必然结果就是解释过程及结果脱离具体案件。这就不难想象，在司法判决中许多案件的判决缺少个性，程式化的语言让法律缺少活力，甚至有些案件的判决结果不但使得当事人无法接受，更是在社会上引起轩然大波。①

虽然，法律发现的概念被引入的时间不长，但它的到来也迅速地点醒了我国的一批司法从业人员对现行司法体制内存在缺陷的思考。记得在一次会议上，某市中级人民法院副院长的讲话，正是出于此意。她讲话的大体意思是说："现在法官队伍的整体素质还有待提高。许多基层法院的法官在办理案件时，还是遵照旧有的办案模式，过于机械死板。有些法官对法条的理解还不够，以至于在处理案件时往往不能了解该法条的真实立法意图，只是做简单的机械套用，这不仅使个案的判决失去了个性化，也使得法律失去了应有的活力。"笔者对此也深有同感。如果对中

① 例如著名的许霆案。对其一审的判决从一开始就吵得沸沸扬扬，吸引了众多的学者甚至平民大众的关注与讨论，一审法院判决许霆无期徒刑的法律依据是《刑法》第二百六十四条，并将之定性为"盗窃金融机构"。《刑法》第二百六十四条：盗窃公私财物，数额较大或者多次盗窃的，处三年以下有期徒刑、拘役或者管制，并处或者单处罚金；数额巨大或者有其他严重情节的，处三年以上十年以下有期徒刑，并处罚金；数额特别巨大或者有其他特别严重情节的，处十年以上有期徒刑或者无期徒刑，并处罚金或者没收财产；有下列情形之一的，处无期徒刑或者死刑，并处没收财产：（一）盗窃金融机构，数额特别巨大的；（二）盗窃珍贵文物，情节严重的。法院将之定性为"盗窃金融机构"，其实正是反映了司法机关仅仅将目光聚焦于法律文本，而无视立法原意甚至立法目的。正如赵秉志教授的分析，"从立法原意来看，97《刑法典》第264条之所以规定'盗窃金融机构，数额特别巨大的，'作为可以适用死刑的加重情形之一，主要是为了严格限制死刑的适用。从这一立法原意出发，应当对作为盗窃罪加重情形的'盗窃金融机构'作出严格的限制解释，而不应将ATM机解释成金融机构，也不宜把盗窃ATM机中的资金解释成'盗窃金融机构'"。由此，很多观点试图从文字含义或者从社会发展、经济发展的角度去分析论证可以将ATM机认定为"盗窃金融机构"，表面上似乎合乎语法与实际情况，但根本上却违反了刑法的立法目的，违背了刑法保护法益、实现正义的宗旨。针对此案的讨论，前期主要是一些建设性的司法建议，而后期则集中于对刑事司法的反思，笔者认为后者的意义更为深远与重要。有学者通过许霆案透视到我国的众多司法解释犹如一副戴在司法人员脚上的脚镣，使得司法人员的办案犹如"戴着脚镣跳舞"，而无法自由伸展自己的舞姿，并造成办案人员对上级司法机关和司法解释的过度依赖。

国古代的司法判决尤其是判决书有一定了解的话，会更加觉得当下的司法判决书的写作反而是一种倒退。

面对当今我国司法实践中所存在的种种问题，笔者认为对于法律发现的研究就显得更加重要。而从有些学者的研究成果来看，对法律发现的理解尚存在分歧。例如，有学者认为法律发现是西方（特别是大陆法系）法学家常用的术语，是法律方法的问题之一。“它既包含法律规范内容的完整性与确定性，又包含适用法律的一系列活动，即我们通常所说的运用纯粹形式逻辑的三段论推理；同时，法律发现也包括当法律存在漏洞时，法律适用者应当积极地、有创造性地‘发现法律’（法官造法）裁判案件的活动。”也有学者认为“所谓法律发现，是指发现处理案件的法律依据的活动”。郑永流教授在他的《法律判断形式的模式》一文中更是介绍了法律发现中的诸多概念，并且认为法律发现是在1907年齐特尔曼提出法律存在漏洞后，人们把填补法律中的漏洞这种创造性活动视为“法律发现”，所以也有学者认为狭义的法律发现其内容仅包括填补法律漏洞这一种法律方法。由狭义的法律发现概念所引出的中国适用法律发现的法律依据即为法官的审判权。① 以上国内诸学者对法律发现这一术语的理解上的差异在于对其外延和内涵的不同界定，而且多以静态的视角来解释该术语。法律发现所呈现出的是一个宾语前置的语法结构，所强调的是“发现”这一动态过程，所以从某一案件进入司法程序开始，发现法律的种种行为就已经启动，这里既包括寻找适合该案件的法源并予以解释适用，也包

① 上述诸概念皆引自于明辉、朱海航所写《法律发现在我国适用的必要性及法律依据》一文。该论文载于 http：//www.sd.xinhuanet.com/sdzfwq/2006-03/20/content_6520453.htm，2010年8月25日。

括对案件事实的推理过程。而狭义的法律发现，若仅限定在法律漏洞这一种情形，实有不妥。因为在法律存在漏洞的情况下，法官造法的可能性就会增大，那么法官脱离立法意图的任意造法的风险也会增高，我们所讲的法律发现的一个重要前提是不能违背立法者的立法意图，也就是说在法律存在漏洞的情况下，法官所做的只是在立法框架下的“法律续造”，而不是任意的造法。故而，笔者认为狭义的法律发现是指在找到适合于个案的“原法律”后，如何将该“原法律”适用于个案的解释过程，在本书中被称之为“律法发现”。

由此可以推知，认为法律发现在我国得以适用的法律依据为法官的审判权的说法也是不完善的。因为，此法律依据是建立在对狭义法律发现即对法律存在漏洞时的发现这一认知上的。然而，我国当下适用法律发现的法律依据不应仅停留在赋予法官审判权这一点上，法官如何将所赋予的审判权更好地行使才是我们所关注的焦点，其中与法官个人的法律素养、智识基础、职业操守、舆论导向等诸多因素有关。

那么什么是推行法律发现的理论依据呢？其实，中国古人曾经给出过答案。鲁庄公与曹刿论战时，当曹刿听到鲁庄公说“小大之狱，虽不能察，必以情”时，才点头允战。这里的“必以情”正被解释为“尽己情察审”。[①] “尽己情察审”中的“情”指的是案情、狱状，要求司法者对所办案件要持有一种负责任的态度，“尽己情”所强调的正是要顾及每一个具体的案件所呈现的个性化特征，因为此“己情”在遇到具体、复杂且多样的现实案件时，就会依准客观案件的具体情状衍生出万般变化，而将此理

① 《左传·庄公十年》。

论运用到司法审判中，恰能体现出法律被赋予生命力的整个过程，而此过程正是我们所言的法律发现。

三 法律发现适用于我国古代司法之证成

如上所述，对法律发现这一术语的使用，多出现在大陆法系国家，我国亦属大陆法系国家，在司法审判习惯上具有同源性；并且法律发现是进入法治社会后或者说是为了实现法治社会这一目标而提出的概念，所以，将法律发现移植进我国的司法实践中并不会出现相互排斥的情况。但是，在我国古代的司法实践中，法律发现这一概念是否同样适用？这一问题并没有得到学者的过多关注，因为“立法者君也，守法者臣也”的法制二分法太过深入人心，法出于君，这是人治社会的特点之一，对于此无可厚非，但是所谓的臣者在司法实践中所守之法与君主所立之法二者之间是不是完全一致？君立之法与臣守之法间是否存在明显的断裂？臣者又是如何守法的？这些问题其实都与法律发现中的种种问题相关联，所以本人认为法律发现的理论能否适用于我国封建社会的司法实践，应首先在理论上给予证成。

（一）法律发现适用于我国古代司法实践之理论证成

马克斯·韦伯曾有过这样的一个理论前设，即认为当今的法学研究，至少就其形式而言已达到最高度的方法论理性与逻辑理性的法学研究，亦即基于普通法学所作出的法学研究，乃是从下面几项假定出发的：（1）任何的法律决定率皆为抽象法命题之“适用”于具体“事实”上；（2）对于任何具体事实，必然皆能通过法律逻辑的手段而从现行的抽象命题当中得出决定；（3）因此，现行的客观的法律，必然是法命题的一个“毫无漏洞的”体系、或者潜在内含着这样一个体系，或者至少为了法律适用之目的而被当作是这样的一个体系；（4）凡是未能在法学上被理性地“构建”者，即和法律无关紧要；（5）人类的共同体行动全都必须被解释为法命题的“适用”或“实现”，或者反之，解释成对法命题的“违犯”。①

韦伯的法创制与法发现的二分法，并不是从人类的最初法律行为开始的，对于法发现的适用，韦伯曾强调“这绝不是法律史上的任何时代都通行一致的想法。”② 他认为对于法创制和法发现有理性和非理性之分，对于非理性时期的法创制与法发现，两者并不是判然分明的，就如同现今的实体法与诉讼法之间的区别一样，进一步而言，当法发现是奠基于非理性的证明手段——发誓、赌咒及其原始的巫术意涵、神判时，法创制与法发现之间会变得混淆不清。原始社会中的法创制与法发现二者之间模糊不清，一方面是因为法律创制本身具有神秘性和不完善性，另一方面是因为以神判作为主要的裁决方式，很难达到相同案件得到相似处理的审判目标。但随着人类走出原始社会的境域，在向理性文明迈进的过程中，如何将创制出的法规则“含摄”到具体“事实”之上的做法，开始被普遍接受。纵使法律发现这一术语是出现在近现代的法治社会，但这并不代表在此之前的社会形态中不存在法律发现的方法，换句话说，法治社会并不是法律发现存在的前提，其恰恰是法律发现所要维护或者实现的目标，那么在其

① ［德］马克斯·韦伯：《法律社会学》，康乐、简惠美译，广西师范大学出版社2005年版，第29页。

② 同上书，第24页。

他性质的社会中，此逻辑也同样适用。故而，法律发现在中国封建社会中是同样得以适用的。

以上是从理论上来证成法律发现在中国封建社会中同样适用的理由，而从实证的角度也同样可以得出该结论。众所周知的《名公书判清明集》实为宋朝清廉官吏的判案集萃，其中对于每一个案件的案情分析个性化鲜明，而对法律的运用也不仅仅局限于成文法典，情理在判案中的比重也被凸显出来。可见，以《名公书判清明集》为代表的中国封建社会在司法实践中，更加注重的是选取什么样的法律，并且如何将法律适用于个案，以达到个案得到公正判决的目的。

（二）法律发现适用于本文研究对象之特殊性

以上谈及的是法律发现在我国的封建社会的司法实践中同样得以适用。而本书是以唐判为研究对象的，唐代的判词多以拟制形式存在，作为吏部择人与考核官吏的时代产物，其本身又具有特殊性，以至于法律发现的理论在适用于唐判时，既具有法律发现理论的共性，又兼有唐判本身的特殊性[①]。现详述如下：

---

① 文书所言唐代判词的特点是从法律发现的过程中所呈现的唐代判词自身的固有特征而论的。现在论及唐代判词的特点多从唐代判词发展的不同阶段所呈现的特点予以论述，其中得到学界普遍认同的即为唐代判词发展的三阶段说。此说的理论依据是《通典》中的记载："初，吏部选才，将其亲人，覆其吏事，始取州县案牍疑议，试其断割，而观其能否，此所以为判也。后日月寖久，选人猥多，案牍浅近，不足为难，乃采经籍古义，假设甲乙，令其判断。既而来者益众，而通经正籍又不足以为问，乃征僻书、曲学、隐伏之义问之，惟惧人之能知也。"（《通典》卷十五选举三）从杜佑所言的"初"、"后"、"既而"可以看出唐代的拟制判词经历了三个发展阶段，虽然没有具体的年代界定，但每一阶段的判词选取来源不同却很明显，从最初的案例来源于州县真实的案牍，到经义问目，再到僻书曲学，案例的选取经历了由易到难再到怪异偏僻的发展过程。此外，还可以参见霍存福所写《〈龙筋凤髓判〉判目破译——张鷟判词的问目来源于真实案例、奏章、史事考》一文，该文对唐代主要判词集应属哪一发展阶段都给出了翔实的论述。

1. 社会性质的差异性

对此问题，前面已经论述过，在此提出是要进一步强调社会性质的差异并不妨碍法律方法选取上的一致。刘作翔先生曾从法律文化的视角给出过这样的解释，广义的法律文化既存在制度性的法律文化，也存在观念性的法律文化，更有一种叫方法论的法律文化。可见，站在法律文化的高度，对于方法论的研究也是可以脱离制度和观念而独立存在的。而且，我们所知晓的法治与人治的最本质区别并不在于有无成文法典可供依循，而是在面临威胁到统治阶级利益的时候，是法大于人还是人大于法，具体的个案并不总是威胁到统治阶级的利益。由此可见，社会性质虽然存在差异，但此差异并不能否定封建社会司法实践中不存在发现法律的方法。而且，正如本人所一再强调的那样，法律发现是手段，所要维护何种性质的社会是其所要实现的目的。

2. 审判场域的模拟性

前文所讲的法律发现存在于司法实践中，是从案件进入审判程序后的一系列流动的案件处理过程。而唐代判词多以拟制的形态存在。唐代吏部选官择人以身、言、书、判四项作为考察重点，其中“判”就是用来考察选人吏事功夫的，并且在吏部所试四者之中，判尤为重要。例如，白居易的《甲乙判》（又名《百道判》）就是其在守选期间自课的习练成果；张鷟的《龙筋凤髓判》中虽然有些案件改编于真实事件，但他的判集也已经脱离了真实判决，成为官方认可的考试参考教材。可见，现今存在的唐代拟制判词大多是为选官之用的考题或模拟试题。从前文注释中所提到的唐判的发展阶段来看，对于试题题目的选取，从真实的案件中慢慢脱离出来，最终形成的是虚构且难度极高的偏僻试题。也就是说，唐代的拟制判词并非是具有真实法律效力的判决，而是在模拟的审判情景下作出的司法审判训练，所以它的审判场域具有模拟性，有别于真正的司法实践领域，本人在此书中，将这种情形定性为拟制判决。[①]

3. 制判者身份的待定性

在这种拟制判决的情形下，制判者能否成为真正的司法官吏尚存在一定的风险，其身份具有待定性，这与唐代选官制度大有关系。在唐代，通过礼部举办的科举考试之后，并不能直接授官，而是要在通过关试之后，参加吏部举办的铨选，才有进入仕途的机会，这也是从满腹经纶的文人到执法办案的法官，在角色转换上的转折点。此外，六品及六品以下的官吏在任期期满后，仍然要参加吏部的铨选，此种轮回直到晋升为五品官之后方能结束。换句话说，制判者要具有裁决案件的资格并非易事，在参加吏部铨选时，其判案的主体资格并不确定。

4. 案件事实的既成性

前面已经提到，法律发现是一个动态的过程，其中不仅包含了法官对律法的寻找和适用，同时也不能忽视对案件事实的推理。面对真实的案件，证据规则是发现案件事实中最为重要的一点，法官的另一重要任务是通过证据来对案发现场予以重塑，原告所提供的案情能否成立，均在法官的考量范围之内。但是，唐

① 拟制判决的概念是参考了法律拟制的概念后得出的。法律拟制最核心的含义就是“决断性虚构”，而这种决断性虚构可以发生在宏观层面上，亦可发生在微观层面上。微观意义上的拟制主要在部门法中出现，即有意地将明知为不同者，等同视之。本书中的拟制判决正是微观意义上法律拟制的一种表现。本结论是在阅读了陈金钊主编的《法律方法论》第八章“法律拟制方法”后得出的，具体内容可详见陈金钊主编《法律方法论》，中国政法大学出版社 2007 年版，第 287—290 页。

判中所提供的案件事实，制判者往往并不对案件能否成立给予过多的关注，既成性的案件事实，是写作拟制判词的一个前提，只有在少数案件中，制判者会刻意强调案情中的不确定性可能影响到判决结果，但在大部分案件中，制判者更多的是关注于如何将判目中所给出的案情解释清楚，如何选取适用于该案情的法律。

本书正是围绕唐判中的法律发现之特点具体展开论述的。在具体篇章中所提及的法律发现之问题，都是在围绕唐判这一研究对象进行的，在此一并强调，以下不再赘述。

第二章　法律发现的场所

一　法律发现的场所——唐代的法源

就唐律的渊源，学界最具代表性的两家之说是程树德的“汉律”说和陈寅恪的“三源”说。[①] 但无论是“汉律”说还是“三源”说，甚至是论及中国传统的法源，我们往往是站在立法中心主义的立场上来思考和研究相关问题的，学者们的视阈也大多集中在以成文法典为核心来探究中国传统法律的内涵和外延。例如，对《唐律》、《大明律》、《大清律例》以及各种单行法规的考证和论述，即便关注了中国传统社会中的法律实践，往往也只从

---

① 程树德在《九朝律考》中对唐律的最终形成追本溯源过，陈寅恪在他的著作《隋唐制度渊源略论稿》中也对唐律的渊源给出过分析，而两者的主要分歧，一是后魏律的传接对象，二是开皇律之源，故而刘俊文在他的《唐律渊源辨》一文中，对两者的法源类型给出了划分，即程树德的“汉律”说和陈寅恪的“三源”说。之后，刘俊文在两种法源学说的基础上，对唐律的渊源作出了新的阐释：唐律因于隋开皇律。隋开皇律以北齐律为底本，兼采北周律和梁律。北齐律、北周律本于后魏律与梁律同出于晋律。晋律以魏律为基础。魏律采自汉律。汉承秦制。秦律源于李悝法经。文章具体内容可参见刘俊文《唐律渊源辨》，收录于杨一凡主编的《中国法制史考证》第四卷甲编《历代法制考·隋唐法制考》，中国社会科学出版社 2009 年版，第 55 页。

主观需要出发，来佐证自己研究的结论。事实上，这种研究范式在很大程度上是不能真正反映中国传统社会法律运行的实际状况的，瞿同祖先生也曾说过："仅仅研究条文是不够的，我们也应该注意法律的实效问题"，"条文的规定是一回事，法律的实施又是一回事。某一法律不一定能执行，成为具文。社会现实与法律条文之间往往存在一定的差距。"① 可见，在研究中国传统社会的法源问题时，不应该只局限于成文律典的内容或仅以成文法为依据，不应该只局限于静态的法，而是应该站在法律条文实际发挥效力的司法立场上进行考量。基于上述考量，本人对唐代法律渊源的分析，是站在司法中心主义的立场上的。

唐判的制判者，对法律渊源的选取也恰恰没有局限在成文法典中，制判者往往能够结合相关的习惯、风俗、社会背景、案件影响力等多层次多角度的因素，更加关注的是诉讼或相关行为中的动态的法，将案件判决结果的可接受度也纳入判决的考量范围内。虽然，唐代的判词大多是没有实际法律效力的拟制判词，但毕竟判决发生实际效力也是产生判决结果后的下一个程序，所以，这并不影响制判者对法律渊源的选取和对法律解释的发挥。

（一）正式性法源

1. 制定性法源

所谓制定性法源，是指能为法官审理案件所需要的裁判规则提供较为明确的由立法机关制定的法律文本的资源。② 对于成文法系的法官而言，从制定性法源中所获取的裁判依据，其合法性

① 瞿同祖：《瞿同祖法学论著集》导论部分，法律出版社 1998 年版，第 5 页。
② 管伟：《中国古代法律解释的学理诠释》，山东大学出版社 2009 年版，第 71 页。

与正当性是不证自明的，也具有最高的权威性。在唐代，制定性的法源主要有：

律。唐律是唐代的刑事法规，也可以说是刑法典。唐律的主要作用是“正刑定罪”。在所有的制定性法源中，唐律是具有绝对权威性和稳定性的。唐代以《永徽律》最为完整和著名，后又对律条逐一进行解释，而将律文与疏议有机结合为一体的，就是现今保存完好的《唐律疏议》。

令。“令者，尊卑贵贱之等数，国家之制度也”。[①] 可见，令是具有立法性质的规范性法令。此外，令对律典条文中的行为模式构成有具体化的作用，例如对《唐律疏议·职制律》“大祀不预申期及不如法”条规定：“诸大祀不预申期及不颁所司者，杖六十；以故废事者，徒二年”的解释中，立法者就引用了令的内容。“依令，‘大祀，谓天地、宗庙、神州等为大祀。或车驾自行，或三公行事。斋官皆散斋之日，平明集省，受誓诫。二十日以前，所司预申祠部，祠部颁告诸司。’其不预申期及不颁下所司者，杖六十。即虽申及颁下，事不周悉，所坐亦同。以故废祠祀事者，所由官司，徒二年。应连坐者，各依公坐法，节级得罪。”

令作为规定国家制度的行政管理法规，涉及的范围非常广泛，包括官员的设置、品秩、俸禄、考课、国家祭祀的礼仪、户口、田制、赋役、仓库、关市、厩牧等方面的规定。在唐武德、贞观、永徽和开元年间，都曾对令进行过增修，据《唐六典》的记载，当时的令多达一千五百四十六条之多。只可惜唐

① 《新唐书·刑法志》。

令保留下来的完整资料不多，宋朝的宋绶、宋敏求父子曾辑录过《唐大诏令集》，日本的仁井田陞编辑过《唐令拾遗》一书，这些经过前辈努力而得到的成果，使得我们可以窥见唐令的概貌。

格。格源于汉代和魏晋时期的科，作为一种法律形式，从东魏开始以格代科，《麟趾格》即是对科的整理和删减所产生的成文法规。唐代的格主要有武后朝的《垂拱格》，中宗、睿宗朝的《太极格》，玄宗朝的《开元格》、《开元新格》。

作为制定性法源之一的格的性质，《新唐书·刑法志》解释为："格者，百官有司之所常行之事也。"从《新唐书》上的解释来看，格应该属于行政法规的范畴。又据《唐六典》关于唐代法律形式的特征的概括，"凡律以正刑定罪，令以设范立制，格以禁违止邪，式以轨物程事"，[①] 似乎格又不仅局限于行政法规的范畴。介于《新唐书》和《唐六典》关于格的性质的解释，本人认为格是本朝或前朝皇帝临时颁布的针对具体违法、违令的行为进行刑事处罚或行政处罚的制敕。

式。式所规定的内容，无论从《新唐书·刑法志》所言的"式者，其所常守之法也"，还是《唐六典·刑部》所认为的"式以轨物程事"，表现的都是国家机关具体的活动细则和各部门运转所应注意的事项。唐高祖、太宗、高宗、武后、玄宗在位时，都制定过式，可惜都已散失，现在我们能看到的只有《开元水部式》，内容是关于尚书省水部对全国重要的河流、水渠、渡口、桥梁的监管，对漕运、海运的管理，以及对建造材料、工匠数

---

① 《唐六典·刑部》。

目、来源的详细规定。

唐代的制定性法源除了律、令、格、式这四种主要的法律形式外，在唐代中后期还产生了制敕。唐代在司法实践中，遵循的大原则就是“一断以律”，但当遇到重大疑难案件时，皇帝常常以“制”或“敕”来权断。这些“制”或“敕”中的一部分经过整理，就成了上面我们提到的正式法规“格”，而未经整理的敕，由于种类繁多，在唐玄宗开元十九年，颁布了《格后长行敕》，将制敕中具有法律效力的部分编为“格后敕”，作为律、令、格、式的补充。此外，《唐六典》作为中央与地方官职的法规大全，地位与刑法典一样，成为唐代的制定性法源之一。

2. 判例性法源

与制定性法源并存的，还有判例性法源。在以制定法为主的中国传统社会，判例法之所以能够出现和存在，实与中国古代立法技术的不发达和国家制定法条文缺乏弹性有关。从秦代发展的法家“万事皆有法式”的理论传统开始，禁止法官对法律作出任何主观能动性的解释的现象便随之产生。《唐律疏议》中也明确了法官在判案时“诸断罪皆须具引律、令、格、式正文，违者笞三十。若数事共条，止引所犯罪者，听。”[①] 古代的立法者希望通过刑罚的绝对化、条文化的具体化，甚至借助于制度规定中类推比附的方式，尽可能地避免法官所应具有的法律解释的权利。其实这样人为地阻断法官实施法律所应具有的弹性空间的做法，

① （唐）长孙无忌：《唐律疏议·断狱律》“诸断罪不具引律令格式条”，法律出版社 1999 年版，第 602 页。

也就为官方制度设计定下了基调，即在严格规则主义下，拒绝法官对法律进行解释。在古代人眼里，往往喜欢把制定的成文律典比喻成“网”，并且尽可能地使这张“网”够大够密，但即便是这样，还是存在着许多“漏洞”，这是成文法系所无法逃避的问题。当法官在面对成文法规无法提供对个案的裁判依据，或国家制定法规则所提供的裁判依据与个案案情存在偏差时，法官对其所面临的疑难个案必须采取个性化处理，而当此类案件呈现出一定的普遍性时，立法者往往就赋予这些疑难个案的处理方式以普适性的法律效力，从而为司法实践中同类案件的处理提供必要的裁决依据。

中国古代所存在的判例性法源主要包括秦代的“廷行事”，汉代的“决事比”、“故事”及清朝出现的“通行”。唐代主要继承和发展了汉代的“故事”，而对于故事在法律生活中的地位，《唐六典·刑部·格》有云：“汉建武有《律令故事》上、中、下三卷，皆刑法制度也。”“晋贾充等撰律令，兼删定当时制诏之条，为《故事》三十卷，与律令并行。”这些记述皆可证明故事作为古代中国正式性法源的重要地位。[①]

（二）非正式性法源

1. 情、理

中国人对情理的理解和重视程度远高于其他国家。情理与法律之间的特殊关系，也是中国人尤其古代中国人理解法律的另外一种情愫。唐代的立法其实已经考虑到了“事理”、“情状”等的

① 管伟对判例性的法源的表现形式又做进一步区分，他认为可分为以具体案例形式存在的判例性法源和以抽象规则为表现形式的判例性法源两种。具体内容详见管伟所著的《中国古代法律解释的学理诠释》一书。

不同，而且在律法上开始差别对待。例如，在唐代宗时，谋反罪连坐的法律在涉及祖孙、兄弟连坐时，存在矛盾之处。“兄弟分后，荫不相及”，而连坐却“俱死”，这样的处罚明显是过重的；“孙荫庇祖，祖荫庇孙”，对连坐却是“祖孙配没”，此规定又明显过轻。而在现实中也却有这样的案件发生，致使在太宗朝引起热议，以房玄龄为代表的臣僚从情理中发掘此律条的不妥之处，并最终修改了此法条。[①] 这只是其中的一例，实际上，唐律中对情理的考虑和运用是非常多的，甚至在法条的字里行间直接使用“情”“理”二字。例如《唐律疏议》卷二十七“不应得为”条：“诸不应得为而为之者，笞四十；（谓律令无正条，理不可为者。）事理重者，杖八十。”疏议曰：“……临时处断，量情为罪，庶补遗缺，故立此条。情轻者，笞四十；事理重者，杖八十。”其中所言“理不可为”、“事理重者”、“量情为罪”、“情轻者”都表明在处理案件时要“量情为罪”。可见，情理自唐代开始从立法上就已经得到了贯彻。而将情、理界定为非正式性法源，一方面是因为在唐代的成文法典中，虽然开始出现了情理的明确规定，但往往是以补充性的规定存在的；另一方面是因为情理内容之庞杂和内涵之丰富很难对其作出明确的界定。

在唐判中，“天理”、“国法”、“人情”等字眼是时常出现的，甚至在中国古代的司法实践中，情理断案也是无处不在的。如果把情理上升到法源的地位，对它的论述还是一项比较棘手的工

---

① 详细的案情和讨论内容可以参见霍存福所写《中国传统法文化的文化性状与文化追寻——情理法的发生、发展及其命运》一文，载于《法制与社会发展》2001年第3期。

作，一方面因为情理的内涵是非常丰富而且很难对它进行准确定义，[①] 另一方面情理更是影响和支配法官对是非善恶判断的重要标准。

对情理的理解，应该分成“情”和“理”两个层面来论述。“情”的含义是很形象具体的，它可以是案件实情，也可能是判断事情时的人情标准。但是，人们起初将法律与情相结合，还是发生在司法实践中的，最初对情的强调，也是从司法领域开始的。早在春秋时期，孔子的门徒就已经将这一问题纳入了考量的范围。《论语·子张》有云：“孟氏使阳膚为师士，问于曾子。曾子曰：‘上失其道，民散久矣。如得其情，则哀矜而勿喜。’”[②] 这是阳膚向曾子请教如何做典狱官时，曾子给出的回答。此处的“哀矜勿喜”所得之情，自然是具体的狱情、案情。所以有学者曾这样对情理的最初性状给出过阐释：“所谓情理，在其初，不过是发轫于断狱的司法要求。断狱必得先弄清案情、得到真情，并要据此案情、狱情判断，这在古人是明确的”。[③] 之后“情”的含义开始被不断加以扩充，“三尺律令，人事出其中”这是将法律与人事（人情）加以统一的做法，古人开始将“人情”作为

① 何勤华通过对清代法律渊源的研究，认为在中国清代的司法实践中，作为一种由国家审判机关适用的法律渊源，情理的内涵是极其丰富的，它既包括国家大法、民间习惯、法律观念、道德规范及儒家经义，又包括了外部客观世界存在与发展的内在逻辑，事物发展的道理、规律、与国民性相适应的社会公德、职业道德、家庭美德及人们的共同生活态度、内心情感、价值取向，还涉及具体案件的案情和法律文书（诉状）的用词和行文的逻辑等。参见何勤华《清代法律渊源考》，《中国社会科学》2002 年第 2 期。

② 《论语·子张》，杨伯峻、杨逢彬注译，岳麓书社 2000 年版，第 186 页。

③ 霍存福：《中国传统文化的文化性状与文化追寻——情理法的发生、发展及其命运》，《法制与社会发展》2001 年第 3 期。

法律的依据，往往在司法实践中善于灵活使用法律，不拘泥法律规定的形式要件，而是孜孜以求于合乎人情事理之判案结果。①最终将法律与人事、人情相连接，这样从对法律精神的理解开始在立法上得到了贯彻。

而“理”的含义似乎更抽象一些，古人对“理”的研究，是从客观世界开始的，理的意思最初与道相似，是指宇宙的构成及其运行规律以及万物生长变化的理论。正是对传统天道观的一种表达，宋朝的朱熹发展了这种天道观，他将传统的天道观与佛教理论相结合，使其进一步哲学化，形成了理学。

但“理”在具体的司法实践中却缺少理学中的抽象和哲学化意味。滋贺秀三认为，在司法裁判中的“理”，是指思考问题时所遵循的、也是对同类事物普遍适用的道理。正如“有借必还，一定之理”、“父在子不得自专，理也”等所说的，有借必还是“理”，父亲健在，儿子不得私自处置家里的财产也被视为“理”。而且，在判语中所见的“理”字，可以说完全没有使人感觉到理学中的那种哲学性意味。②

而在唐判中，“理”字的出现，更多是与制定法相联系的，制判者用“理”字的意图更多是要强调自己判决理由的充分性或

① 由“人情”而求得法律之精神的第一人恐怕当属汉成帝时的廷尉朱博。他作为地方官吏出身，其本身并不精通法典，为了不被属下捉弄，他把历年的疑难案件都找出来，重新断决一次，以检验能否与过去的判决相吻合。结果“十中八九”，属僚们对这个外行长官分外敬重，朱博却很轻松地说：“三尺律令，人事出其中”，我不过是用了二十多年做郡守断案的经验来断决罢了。《汉书·朱博传》，转引自霍存福《权力场——中国人的政治智慧》，辽宁人民出版社 1995 年版，第 355 页。

② ［日］滋贺秀三：《清代诉讼制度之民事法源的概括性考察——情、理、法》，范愉译，载王亚新、梁治平主编《明清时期的民事审判与民间契约》，法律出版社 1998 年版，第 36—37 页。

是对法律解释的正当性。

进一步而言，制判者在引用情理作为法源的同时，也没有割裂其与制定法之间的联系，正如《名公书判清明集》户婚门载胡石壁判词所言："殊不知法意、人情，实同一体。徇人情而违法意，不可也；守法意而拂人情，亦不可也。权衡于二者之间，使上无违于法意，下不拂于人情，则通行而无弊矣。"[①] 因此，情理的法源地位，可以视为正式法源的补充，情理在中国古代的法源形式中，以非正式法源的形式存在，但它在司法实践中的效力却不可小觑。

2. 习惯法

作为现代法学意义上的习惯或习惯法，其概念是从西法中引进的，中国古代并无此概念。从词源上分析，传统社会中的"习惯"，通常是指在生活中长期重复而形成的惯性行为。而对于中国古代是否存在习惯法这一论题，当前学界的观点还尚未统一。但大多数学者都承认我国古代是有习惯法存在的。我们所讲的习惯法，是独立于国家制定法之外，依据某种社会权威或社会组织，具有一定强制性的行为规范的总和。在现代法律体系中，习惯法的作用已经大大减弱了，除了在非洲一些国家习惯法仍然在实际上起着较大的作用外，在其他主要法律体系，习惯法已经不是法律的主要渊源。但是，习惯法仍然在一个国家，尤其是在古代中国的法律体系中扮演着不可或缺的角色。

梁治平先生早年曾经对民国时期的民间习惯进行过收集、整

① 《名公书判清明集》卷九，中华书局出版社 1987 年版，第 311 页。

理，写出了《民事习惯调查报告》一书。此书对买卖、典、佃、抵押、婚姻、继承等不同类型的民事习惯进行了全面考察，论述了不同类型的习惯法的特征以及它们的具体运作形态。同时，梁先生也对习惯法的实质构成给出过自己的见解，他认为："习惯法乃是由乡民长期生活与劳作的过程中逐渐形成的一套地方性规范；它被用来分配乡民之间的权利、义务，调整和解决他们之间的利益冲突；习惯法并未形成诸文字，但并不因此而缺乏效力和确定性，它被在一套关系网络中实施，其效力来源于乡民对于此种'地方性知识'的熟悉和信赖。"① 从梁治平先生对习惯法的评述中，可见习惯法具有地域性、非明示性、稳定性和行业性的特征。

将习惯法视为法源的情况，在唐判中也时有显现。在有些判词中，明确指出以习惯法作为法律的适用对象。例如在《唐开元二十四年九月岐州郿县尉·勋牒判集》中郿县尉对是否资助防丁的意见中就明确适用了当地的旧有习俗："……当为准法无例，长官不令。又更下状云，虽无所凭，旧俗如此。"② 再如，在《文明判集残卷》中记载了一件关于离婚书是否具有法律效力的案件：

> ［判目］奉判：田智先聘孔平妹为妻，去贞观十七年大归。至二十一年，智乃诈大疾县貌依定。至二十二年智乃送

---

① 梁治平：《清代习惯法：社会与国家》，中国政法大学出版社 1996 年版，第 166 页。

② 杨一凡主编：《中国珍稀法律典籍集成》甲编，第三册，《文明判集残卷》，科学出版社 1994 年版，第 320 页。

归还平家，对村人作离书弃放。至永徽二年，智又身亡，遂不来赴丧。智母令唤新妇赴哀，平云久已分别，见有手书，不肯来赴。其平妹仍妻名在智籍下，其两家父母亦断绝。其妇未知离书若为？

［判词］孔氏统角初笄，早归田族。交欢就宠，丞致寒暄，嫌婉绸缪，相期偕老。智乃心图异计，规避王徭。不顾同穴之情，俄作参商之隔。诈称大疾。送归平家，对彼亲邻，给书离放。放后即为行路，两族俱绝知闻，覆水不可重□返，但事多开合，情或变通。法有书一之规，礼无再醮之义。违礼□□□，如嫁女弃女，皆由父母，纵无恃怙，仍问近亲。智是何□□□一纸离书。离书不载舅姑，私放岂成公验。况田智籍□□□便除。且贯为黔首之根由，籍是生人之大信。今弃□□□之明条，顺疋妇之愚志，下才管见，穷所未通。追妇还□□□作疾，罪实难容，下县付推，并自科上上（衍）。[①]

该案中隐含着关于离婚书写作的地方性惯例。据对唐代敦煌文书的考证，当时当地在作离婚书时，多为丈夫手书亲邻见证。如，伯三二一二号夫妻相别书写道：“今对两家六亲眷属，围坐亭腾商量，当便相别分离。”再如，伯三七三〇号某乡百姓专用放妻书一道云：“聚会六亲，夫口妻口，具名书之。”还有伯四五二五号放妻书写道：“今亲姻村巷等，与妻阿孟对众平论，判公

① 杨一凡主编：《中国珍稀法律典籍集成》甲编，第三册，《文明判集残卷》，科学出版社1994年版，第295页。

离别。”[①] 可见，在敦煌吐鲁番地区，根据当地的习惯，判断离婚书是否具有效力，除了丈夫要手书离婚书外，一个关键的程序就是男女双方的亲邻要前来作证。

论及习惯法在法源中的地位，本人觉得其应该是对制定法的补充，主要起到辅助的作用。以上面所举田智休妻案为例，对于离婚书的写法，在唐令中也能找到相关的规定：“凡弃妻，皆夫手书弃之，与尊属近亲同署，若不解书，画指为记。”[②] 也就是说，法官在遇到有习惯法作为佐证的案件时（此类案件多为民间细故[③]），也要顾及到习惯法中的规定，正如上段所论述的，敦煌吐鲁番地区对于离婚的习惯就是要有亲戚、邻居前来作证。而唐代制定法中更多的是强调离婚书上的尊亲属的具名。这就要求法官在对相关案件进行判决时，要将制定法与习惯法结合到一起进行考量。而就此案，无论是从民间惯例还是从唐令的规定来看，离婚书必须丈夫手写，夫妻双方尊亲属及邻居作为见证人同时署名，这样，离婚书才能生效。但田智所给的离婚书，并没有父母的署名，因而不能成为离婚的公验。

二 唐判中对法源选取的方法和原则

唐代的制判者在面对形形色色的判题时，选择什么样的

① 杨一凡主编：《中国珍稀法律典籍集成》甲编，第三册，《文明判集残卷》，科学出版社 1994 年版，第 312 页。

② ［日］《令集解》卷十“户令”。

③ 梁治平在《中国法律史上的民间法》一文中，曾指出：“在内容上，习惯法所涉及的主要是人们所谓‘户婚田土钱债’一类的事务，这其中，有关土地的各种安排、交易以及金钱的借贷往还等，既是当时民间经济生活最为重要的方面，也构成了习惯法上的基本制度。”载于法律思想网：http：//www. law - thinker. com，2010 年 8 月 30 日。

法源作为“大前提”以求形成适合个案裁判规范的方法，其实可以借用我们现代法律术语中的“法律发现”来概括。法律发现是近现代西方法律理论研究中的一个重要范畴，“法律方法论是一种对法官具有支配力的理论，它的目的是找到一种对个案而言正当合理，同时又符合现行法的裁判的方法。”[①] 在中国传统社会中没有形成现代意义上的形式理性，更没有抽象的关于法律发现方法的理论，可是，如果我们把目光聚焦在司法判决形成这一点上，传统的司法观念要求法官在作出司法裁决时要“引断公允”，在这样的原规则下，司法官必然要慎重地从庞杂众多的法律渊源中选择最为合适、合理的作为裁判的依据，在这个过程中至少从形式上可以说，这是法律发现的过程。那么，仅就唐代制判者而言，在制判过程中恰恰训练的一个重点就是如何发现适用于个案的法律。

（一）案件性质影响法源的选取

本人对张鷟的《龙筋凤髓判》、白居易的《甲乙判》以及敦煌吐鲁番出土的一系列判词进行归类整理（参见附录一、二、三，由于本人水平有限，并没有对《文苑英华》中的判词进行整理，仅在附件二中有所涉猎）后发现，制判者在选取法源时，案件的性质起到了决定性的作用。如《龙筋凤髓判》共有判词79道，现选取主要三种性质的案件，以表格的形式说明之：

① 陈金钊：《司法过程中的法律发现》，《中国法学》2002年第1期。

案件性质	件数	援引律（令、格、式）	情、理	违礼	其他
刑事类	34	29	4	1	—
行政类	22	13	5	1	依习惯1件、依例2件
民事类	4	1	2	—	尊敕1件

从表格的数字统计不难看出，在刑事类案件中，选择律令等制定法源的案件占刑事案件总数的82%；行政类案件中选择制定性法源的案件也占到了行政类案件总数的59%；对于民事类案件而言，并不是《龙筋凤髓判》的写作重点，只有4件，而在这4件民事类的案件中，依律、令、格、式断案的只有1件，针对民事类案件法源的选择，制判者主要还是依据情理断案。

从上述的数据统计中，可以感受得到，制判者在选取适合个案的“大前提”时，还有一个意识上的“前见”，即对于公法类的案件，往往首选正式性的法源作为规范个案的“原法律”，而以其他非正式性法源作为断案的补充性法律依据；对于私法类的案件，制判者则更加注重于对个案的调整结果，而“法律”更多地成为了指引法官调整民事纠纷的一种“潜在”依据，在不违背法律精神的前提下，处理民事类案件，就显得特别的灵活，“如果把情理看作是一种‘活法’，那么将情理作为判决的依据也可以说是‘依法判决’”①。所以，情理断案的结果也就自然而然地产生了。

① 徐忠明：《案例、故事与明清时期的司法文化》，法律出版社2006年版，第303页。

（二）选取法源的主要原则

1. 区分“断狱”与“细故”的原则

从上一节的论述中，多少可以了解到，在唐判中法源的选择跟案件的性质有着一定的关系，从理论上说，制判者在拟制判词的过程中，首先要对案件的性质进行定性，区分出刑事、民事、行政等不同类别的案件，这也是制判者发现法律的第一步骤，这很类似于在现代司法环境下，从不同的部门法中大致确立发现裁判依据的场所。因此，对判词中的案件事实进行归类和定性，代表了制判者对不同性质的案件中的法律发现有着不同的态度。清人钟体志说过：“事关伦纪及命盗重案，必论如律，以惩奸顽。其户婚、田土，亦例有应得之咎，或尽情剖释，或量予责惩，但剂其平。初不尽绳。”①

出于长期的司法实践经验，对于案件的性质大体可以归为两类：“断狱”和“细故”。目的在于确定法律发现的立场，也为如何选择适合个案的判准做好准备。

在中国传统社会，“断狱”在制度上严格规定了法官发现法律的场所，例如在《唐律疏议·断狱律》中就明确规定了：“诸断罪者皆须引律、令、格、式正文，违者笞三十。若数事共条，止引所犯罪者。”② 在该条的疏议部分中进一步解释了“断狱”类案件所需援引的法律渊源，“犯罪之人，皆有条制。断狱之法，须凭正文。若不具引，或致乖谬”。所能“成狱”之案多指那些违背伦常、命盗重案等关系到国家的统治秩序和社会安定的案

① 转引自顾元《横平司法与中国传统法律秩序》，中国政法大学出版社 2006 年版，第 66 页。

② （唐）长孙无忌：《唐律疏议·断狱律》，法律出版社 1999 年版，第 602 页。

件，而对于这样的案件，古代立法者将裁判依据的确立场所定位于国家的制定性法源。

相对于事关伦常及命盗重案的“断狱”类案件而言，“细故”类户婚、田土案件的裁决，并不要求拘于成文法。对于细故类案件如需作出裁决时，制判者在决断依据的选择上并不总和国家制定的成文法源相一致，其更关注的是以个案为中心的实质正义的实现，判决结果被接受的程度及该判决结果所能产生的社会影响力也在制判者的考量范围内。因此，细故类的案件裁决显得更加灵活。

2. 刑名则实的原则

名实观并不是唐人所创建，早在春秋时代，孔子就已经对“正名”提出了要求。在《论语・子路》中记载的师生之间的对话，所展示的正是“正名”的社会作用和逻辑意义：

> 子路曰：卫君待子而为政，子将奚先？子曰：必也正名乎？……名不正，则言不顺；言不顺，则事不成；事不成，则礼乐不兴；礼乐不兴，则刑罚不中；刑罚不中，则民无所措手足。故君子名之必可信也，言之必可行也。[①]

孔子认为，要实行一种政治制度，要倡导一种伦理规范，要建立明确的赏罚体系都离不开“正名”。正名不但是顺利进行思维的条件，更重要的是实现治国的基础。

后来，法家代表韩非子发展了孔子的正名理论。在他的刑名

① 《论语・子路篇第十三・第三章》，杨伯峻、杨逢彬注译，岳麓书社 2000 年版，第 117 页。

法术思想中，名的实现主要表现为“刑名参同”和“循名则实”的思想。《韩非子·功名》篇中说：“名实相待而生，形影相应而立。”也就是说名和实是相辅相成的，如同形体和影子一样，不能分离。韩非子进一步提到了判断人的言行的参验标准，“循名实而定是非，因参验而审言辞。”[①] 韩非为我们传递的信息，意在说明要根据名和实是否一致来判断一个人的言行是非，还要通过比较验证来判定一个人的言论是否正确。

唐代制判者也将这种名实观运用到了判词的写作中，成为用来寻找法律渊源的一个原则之一。

例如，在白居易的《甲乙判》中有这样一道判词：

> ［判目］中得选举司取有名之士。或云：不息驰骛，忍难责实。
>
> ［判词］声虽非实，善岂无名？不可苟求，亦难尽弃。属时当仄席，任重抡材；思得士于声华，惧诱人于奔竞。若驰骛而方取，虑非岁贡之贤；如寂寥而后求，恐失日彰之善。将期摭实，必在研精。但取舍不私，是开乎公道；则吹嘘无益，自闭其幸门。名勿论于有无，鉴自精于举措。[②]

在白居易作的这道判词中，隐讳着刑名则实的原则。判目所言是择人之事，选举司倾向于选举有名望的人为官，而有人对此提出了质疑，认为这样做势必会造成非常不良的风气。不息驰

① 《韩非子·奸劫弑君》。

② 《白居易集》卷第六十七。

骛，即追名逐利之风，这样一来就忽视了对所选之人是否具有真才实学的考量。[①]

白居易对此问题在判词开篇就言明了自己的观点：声虽非实。这其实是对名实观最有力的诠释，虽然名声在外，但未必真有实才。“不可苟求”，也是白居易对自己名实观的进一步阐释，择官就要寻找表里一致的人，而不能苟且求同，应该有所选择，有所摒弃。“仄席”并非一个名词，在唐代诗人贯休的《赠钟陵陈处士》中就表明了仄席是一种态度或者说是一种状态[②]。仄席不是正襟危坐，而是侧身卧坐在席上，以此来形如忧心忡忡的样子，表明对某事的重视程度。白居易用仄席一词，形象准确地点明了选司对于择人为官之事，应该给予极大的重视，怎能只看是否有声望，而忽视对人的才华的考察呢？

那么，怎样确“实”呢？白居易接下来也给出了自己的意见：将期摭实，必在研精。靠夸大吹嘘而出名的人，是不能入选的，只有抛开名声的大小，务实地选取那些有真才实学之人，才是正确的做法，才不悖公平公正的选官初衷。

再如，白居易在箪醪投河判中，也有过对名与实关系的分析。主帅将酒投入河中，让士兵引河水做践行酒，有人认为将军的做法太过做作夸饰。而白居易并不这样认为，他认为将军的做法，目的是为了提振士气，喝酒只是个形式，望梅止渴、

① 驰骛在古代多被理解为在某一领域纵横自如，并有所建树：例如，驰骛今古、古来贤达士，驰骛唯群书。而这里对“驰骛”的解释则不是此意。更多的应理解为追名逐利的后果。

② 全诗为：“否极方生社稷才，唯谭帝道鄙梯媒。高吟千首精怪动，长啸一声天地开。湖上独居多草木，山前频醉过风雷。吾皇仄席求贤久，莫待征书两度来。”作者所要表达的是治理国家需要贤人志士的焦急心态。

画饼充饥，又有何不妥！“分少以表无颇，和众宁宜及乱？岂资满腹，所贵归心”，[①] 正是在白居易认清了名与实的关系的基础上，他在判词的最后才给出了“非其矫节，是不知言”的结论。

可见，白居易作为制判者的代表，他在不否定“名实相待而生”的前提下，准确地把握住了实和名的主次关系。虽然在这两道判词中，没有显见制判者对法源的选取，但是对于名实原则的重视程度，足以在判词中体察得到。

3. 应时而变的原则

汉武帝重儒，所以从汉中期开始，弘通经史的“儒吏”[②] 成为今后中国各朝代法官群体的中坚力量。而具有儒家经义思想的法官，在司法实践中，往往在选择裁判依据过程中产生“学派习惯”，就是惯于将儒家伦理纲常与个案案情相结合。再加上儒吏所深怀的“为天地立心，为生民立道，为往圣继绝学，为万事开太平”的价值观，势必会影响到他们在司法裁判中法源的选择和对法律的解释。“哀矜断狱是儒吏的一贯立场”，“哀矜、平恕断狱，往往与囚犯产生情感的交流，从而产生信任感，儒吏期冀的正是这种寓教于断狱的效果。”[③] 然而，作为具有儒家智识的官吏，在司法审判中必然存在一种矛盾的心态：一方面国家制定

---

① 《白居易集》卷第六十六，“箪醪投河判”。

② 本人对儒吏概念的理解是阅读了霍存福所著《权力场》一书“拘执法吏型与弘通儒吏型”一章后形成的。霍氏认为古代中国的官吏经历了是一个正反合的发展过程，从秦产生并成为官场主角的法吏（包括了酷吏和俗吏），到汉初倡导黄老思想的清静无为型官吏，到汉武帝时期，儒生与法吏相结合形成了儒吏。详细内容请阅读霍存福所著《权力场》一书。

③ 霍存福：《权力场》，沈阳出版社 2003 年版，第 397、402 页。

法所坚持的是严格的规则主义，它是禁止法官法外造法、擅权的；另一方面，“刑罚为政教之用，德礼为政教之本”的儒家治国理念，又不希望看到法官的僵直和不通情面。在法律泛道德主义化的古代中国，如果遇到“情重法轻”或“法轻情重”的案件时，就会存在着一种规则选择上的困难，那么，法官该如何作出抉择？下面，以唐代的判词为例，对此问题说明之。在论述该问题之前，需要说明的是：唐代的判词，虽然大多只是并未进入司法实践这一环节的拟制判词，但这并不能排除制判者在对判词进行分析时，所流露出的应时而变的法源选取原则。

例如，在白居易的《甲乙判》中，有这样一道判词：

> ［判目］得景为宰，秋雩，刺史责其非时。辞云：旱甚，若不雩，恐为灾。
>
> ［判词］居常授时，政则行古；恤人救弊，道在从宜。旱将害于粢盛，雩难拘于秋夏。景象雷是职，不雨其忧：苟旱魃之愆时，虐既太甚；虽薄收之戒序，雩亦何伤？冀有闻于鹳鸣，庶无虑于狼顾。馨香以感，夕且望于月离；稼穑其伤，时难遵于龙见。虽事乖鲁史，而义合随时。制锦执言，是亦为政；褰帷致诘，未可与权。[①]

这是一道典型的“法轻情重”的案例。古代人为祈雨救旱而举行的祭祀活动称为雩。“雩”法是源于夏代的古老祭祀仪

① 《白居易集》卷第六十六。

式，《说文》中有载："雩，夏祭乐于赤帝，以祈甘雨也。"其具体的祭祀形式在《论语》和《公羊传·桓公五年》中都有过描述，"暮春者，春服既成，冠者五六人，童子六七人，浴乎沂，风乎舞雩，咏而归"，大意是使用童男童女各五六人，舞而呼雨。

东汉的王充在《论衡·祭意篇》中对雩的时间给出过解释："春雩之礼废，秋雩之礼存，故世常修灵星之祀，到今不绝。名变于旧，故世人不识；礼废不具，故儒者不知。"按照王充对雩礼的解释，其实春天求雨的祭祀已经被废除了，而秋天求雨的祭祀仍然被保存了下来。既然在东汉时期，就已经有了关于雩礼时间上的解释，那么在该道唐代的判目中，实际是存在一个对雩礼的认识上的错误，"秋雩"实际上是不"非时"的，刺史的责难其实是不对的。但是，为什么白居易没有认识到这个问题，及时地给予纠正呢？可能就如王充接下来所说的那样，祭祀的名称和从前不一样了，所以世人不明白；祭礼废除不用了，所以连儒者都不知道了。

抛开关于雩礼的常识性问题不谈，单就白居易所做的判词来说，应时而变的原则体现得还是很明显的。

"居常授时，政则行古；恤人救弊，道在从宜"开篇的这句，其实就已经点明了白居易的观点。他认为如果不是在特殊情况下，应该效法古代的做法，但是如有特殊情况，比如要"恤人救弊"，就应该随机应变，从宜处断。在大旱如此严重，饿殍遍野的情况下，秋雨的祭祀活动是不应缺少的，为何还要计较是不是"非时"呢？

实际上，当制判者遇到"情轻法重"或"法轻情重"的疑难案件时，往往更加在意所欲达至的“情法两平”的裁判结果。而在这个法律发现的过程中，应时而变的原则恰恰是有助于制判者期冀的结果的出现。对于法律的适用，实质上则是通过法律规范的目的性解释或者是权衡利弊之后得出的。关于唐判中法律规则的发现过程，将在接下来的章节中继续论述。

第三章　唐判中的律法发现

从对法律发现的定义中，我们可以看出，狭义的法律发现实质就是通过法官辨识法律，对案件事实进行确认，然后将法律适用于事实。法官应当证立“小前提”——案件事实。然后带着对案件的理解从制定法中去获得法律的大前提。即对具体案件及判断是急需的部分，拉近，整合。法律发现是“一种不断的交互作用，一种目光往返于大前提与事实之间的过程”。

换一个角度讲，狭义的法律发现，就是针对个案而言的寻找法律，解释法律，适用法律的过程。所以，本人认为狭义的法律发现应等同于法律解释。

一　依据法律文本的解释——文义解释

（一）对中国古代文义解释的界定

文义解释是近现代法治体制下，用于解释法律所惯常使用的最主要、最优先的一种方法。但在一个典型的人治社会，并且法律的泛道德主义倾向如此明显的古代中国，文义解释的方法是否能够适用，其实在学界是存在分歧的。如唐德刚对中国古代法官的司法裁判过程给出过描述："我们'仲尼之徒'一向是注重'为政以德'的。毫无法理常识的'青天大老爷'动不动就来他个'五经断狱'。断得好的，则天理、国法、人情、良心俱在其中；断得不好的，则来他个'和尚打伞'，无法（发）无天，满口革命大道理。"① 唐先生的这段对中国古代司法官断案过程的评述，从某种角度来讲不无道理，他是为整个古代的儒吏们画了一张素描。他所针对的是儒吏所具有的宏观的、具有共识性的"哀矜断狱"的特点来论述的。那么，文义解释的方法在中国古代的司法实践中就真的没有适用空间吗？本人通过对唐判的归类研究后，给出的回答是否定的。即便是在人治社会，同样也需要稳定的社会秩序，人们对一些行为的导向同样需要法律预期。在唐判中，遵照法律条文断案的案件不在少数，准确地说，绝大部分案件都是通过文义解释的方法得出判决结论的。

什么是文义解释，杨仁寿的回答是："文义解释，是指依照法文用语之文义及通常适用方式而为解释，据以确定法律之意义而言。盖法律是社会生活之规范，为全体社会构成分子而设，故须以通常意义而为解释也。"② 杨先生将文义解释的范围明确地限定在对法律条文的字面解释这个层次上，而他所说的"通常适用的方式"到底是什么并不明确。陈金钊也对什么是文义解释给出过自己的界定："文义解释是指根据法律（包括精神、规范、

① 唐德刚：《胡适的自传》，转引自贺卫方《司法的理念与制度》，中国政法大学出版社1998年版，第210页。

② 杨仁寿：《法学方法论》，中国政法大学出版社1999年版，第102页。

原则等，其中主要是法律文本所载明的意义）来确定法律规范中有争议语词及事实的法律意义的解释方法。”他进一步强调：“只要解释的对象是法律语词，所使用的方法是发现，姿态是对法律服从，解释结果没有背离可能的文义，就属于文义解释。”① 很明显，陈教授对什么是“文义”所给出的答案是宽容的，陈教授对文义解释给出的底线是，只要解释的结果不违背可能的文义，都可以算是文义解释。本人认为陈金钊教授对文义解释的定义是可以接受的，从陈氏的文义解释的定义中可以知晓，除了传统的字面解释外，扩大解释、限缩解释、比较解释等都可以纳入文义解释的范畴。

文义解释作为法律解释方法的首选，具有鲜明的特点：

1. 局限于法律文本。此特征就要求解释者必须从法律规范词语的语义出发，而不能超过法律文本可能的意义范围，来解释个案。

2. 解释过程中不过多地考虑立法目的及意图，而专注于法律文本。立法意图是立法者主观意志的集结和反映，这种经过整合的集体意志一般情况下是寓于法律文本之中的。

3. 解释过程排斥主体的主观个性。这里的主观个性不是指主观能动性，离开主体的主观能动性任何方法都不具有意义。我们说的主观个性是主体的价值偏好及观念倾向。只要承认法律解释是社会实践很强的活动，就不能排除解释过程中的主观个性。而文义解释方法恰恰拒绝这种主观个性，要求严格按照字面含义

① 陈金钊：《文义解释：法律方法的优位选择》，《文史哲》2005年第6期。

进行解释。[①]

（二）字面解释

在《龙筋凤髓判》中，运用字面解释的案例，实属不少，下以典型案例说明之：

> ［判目］二月有事于太社，太常博士冯敬有大功丧，隐而不论，遂以行事付法科罪。
>
> ［判词］社为土主，稷是谷神，侑以姬周之祖，配以烈山之子，纳箓受图之哲，乘干执契之君。莫不崇上其道，肃恭其事。夏殷履运，仍开松柏之禋，汉祖登朝，复设枌榆之祭。分其玉帛，建五色之灵坛，荐以牲牢，具三清之芳酎。八音间发，六舞交驰，社主享而呈休，明灵歆而降福。命三老，率百神，应瑞雀于青畴，扫飞蝗于翠亩，则千仓岁积，三农之蓄有余，万庾年登，九载之储斯溢。冯敬身居典礼，职在秩宗，应知六祝之词，颇达六祈之训，带斯凶服，辄入礼宫，御史奏弹，虽言奉法，详刑结罪，须按科条。庙享诚则有违，社稷元来不禁。弹无反坐，律许执文，枉被凝霜，理宜清雪。[②]

这是一道跟祭礼有关的案件，掌管祭祀的太常冯敬在祭祀期间隐瞒了大功丧的事实，被弹付法科罪。从判目中的案件事

---

① 以上对文义解释的特点概括，参见陈金钊主编的教材《法律方法论》，中国政法大学出版社2007年版，第125页。

② （唐）张鷟：《龙筋凤髓判》，田涛、郭成伟校注，中国政法大学出版社1996年版，第154页。

实来看，按照惯常的理解，冯敬在祭稷神期间有大功丧在身，而且还隐而避谈，这是对神灵的不敬，有司弹劾冯敬是合理合法的。但是，从张鷟的判词中很清楚地看出，他最后对冯敬是以无罪为科来裁断的，原因在于对祭祀期间有丧的情况，《唐律疏议》中是有明确规定的："诸庙享，知有缌麻以上丧，遣充执事者，笞五十；陪从者，笞三十。主司不知，勿论。有丧不自言者，罪亦如之。其祭天地社稷则不禁。"疏议中对为何禁、为何不禁做出了解释："庙享为吉事，左传曰：'吉禘于庄公。'其有缌麻以上惨，不得预其事。若知有缌麻以上丧，遣充执事者，主司笞五十。虽不执事，遣陪从者，主司笞三十。若主司不知前人有丧者，勿论。即有丧不自言，而冒充执事及陪从者，亦如之。其祭天地社稷不禁者，礼云'唯祭天地社稷，为越绋而行事'，不避有惨，故云'则不禁'。"① 从《唐律疏议》该条的构成来看，决定是否有罪的重要两点是：一是主事与否关系到判决的轻重；二是祭祀的对象不同直接影响祭祀期间有丧是否合法。

从该案的案情来看，与唐律该条规定相关的，就是祭祀的对象，从判目中可以很明显地看出，所祭祀的对象是稷神。而唐律中对祭天地社稷是不禁丧的，原因就在于"唯祭天地社稷，为越绋而行事"。绋乃柩车之绳，《礼记·王制》有云："丧，三年不祭，唯祭天地社稷，为越绋而行事。"郑玄注："越，犹蹷也。绋，輴车索。"孔颖达疏："未葬之前，属绋於輴，以备火灾。今既祭天地社稷，须越蹷此绋而往祭之，故云'越绋'。云'绋，

① （唐）长孙无忌：《唐律疏议·职制律》，法律出版社 1999 年版，第 207 页。

辒车索'者，以停住之时，指其绳体则谓之绋，若在涂人挽而行之，则谓之引。"《后汉书·礼仪志上》曰："大丧，唯天郊越绋而斋。"《资治通鉴·齐武帝永明八年》载有："如有不虞，虽越绋无嫌。"唐律的规定也是遵从了传统的祭祀习俗。可见，在丧期参加祭天地社稷的典礼是不受限制的。

张鷟对于此案适用法律的解释，采取的是严格按照法律条文规定的字面解释方法，故而对御史弹冯敬的做法给予否定，"御史奏弹，虽言奉法，详刑结罪，须按科条"。接下来对于御史是否构成诬告反坐罪，张鷟也给出了自己的回答："弹无反坐，律许执文"，这里的律许执文，其实就是要求按照条文的字面意思进行解释。唐律斗讼中有"诸诬告者，各反坐"的规定，但是御史却不在此列，除非是"纠弹之官挟私弹事不实"才构成诬告反坐罪。而本案御史并没有挟私的嫌疑。

在该案中，张鷟也对冯敬的违礼行为给出了批评："冯敬身居典礼，职在秩宗，应知六祝之词，颇达六祈之训，带斯凶服，辄入礼宫"，唐令中有诸凶服不入公门的规定，[①] 可见，冯敬的行为虽是违礼的，但从律法的角度来看，冯敬的行为却不在唐律处罚之列。所以，从这一点上也可以体现出，该判所秉持的是字面解释的法律发现方法。

敦煌出土的《文明判集残卷》中的"豆其谷遂"案可谓是运用字面解释方法的更为经典的一例。

该案案情简单，谷遂为旅店老板，在店客豆其的食饭中下药

---

① ［日］仁井田陞：《唐令拾遗》，栗劲、王占通、霍存福译，长春出版社 1989 年版，第 222 页。

致其昏迷后“窃取”了他的川资费用共计十疋。后事发被捕，起初谷遂拒不认罪，在刑讯逼供下交代了作案事实。该判目的最后问题问的是，下药窃取他人钱财的行为，该如何定罪。现将制判者对该题的回答，完整录下：

> 九刑是设，为四海之堤防；五礼爰陈，信兆庶之纲纪。莫不上防君子，下禁小人。欲使六合同风，万方攸则，谷遂幸沾唐化，须存廉耻之风；轻犯汤罗，自挂吞舟之网。行李与其相遇，因此斮款生平，良宵同宿。主人遂乃密怀奸匿，外结金兰之好，内包溪壑之心，托风月以邀期，指林泉而命赏，啖兹芳酎，诱以甘言，意欲经求，便行酖毒。买药令其闷乱，困后遂窃其资。语窃虽似非强，加药自当强法。事发犹生拒讳，肆情侮弄官司。断狱须尽根源，据状便可拷谇，因拷遂挛双脚，挛后方始承赃。计理虽合死刑，挛脚还成笃疾，笃疾法当收赎，虽死之合输铜。正赃与倍赃，并合征还财主。案律云：犯时幼小，即从幼小之法；事发老疾，听依老疾之条。但狱赖平反，刑宜折衷，赏功宁重，罚罪须轻。虽云十疋之赃，断罪宜依上估，估既高下未定，赃亦多少难知。赃估既未可明，与夺凭何取定？宜牒市估，待至量科。[①]

根据判目中给出的问题，该判的制作者在判词中主要论述了

① 杨一凡主编：《中国珍稀法律典籍集成》甲编，第三册，《文明判集残卷》，科学出版社 1994 年版，第 290 页。

以下三方面的问题：

首先，是对犯罪嫌疑人谷遂加药窃取豆其财物的犯罪性质的定性。对于此问题，制判者是严格适用唐律之规定的。制判者为了引出适用于该案的法条，先对加药使其迷乱的犯罪事实进行确认，谷其在“外结金兰之好”、“托风月以邀期”的外表伪饰下，是想取得豆其的信任，而谷遂实揣“内包溪壑之心”，在豆其丧失防备之心后，加药取财。也就是说，犯罪嫌疑人谷遂有作案的动机和准备，故意之心非常明显，这也是法律认定贼盗罪的一个必要条件。接下来，制判者点出了“加药自当强法”的法律依据，根据《唐律疏议》之规定：“诸强盗，谓以威若力而取其财物。先强后盗，先盗后强等。若于人药酒及食使狂乱，取财亦是。即得阑遗之物，殴击财主而不还；及窃盗发觉，弃财逃走，财主追捕，因相拒捍：如此之类，事有因缘者，非强盗。”[①] 可见，唐律中已经明确规定了在人酒食中加药的取财之法是一种强盗行为，而不是窃取行为，所以制判者也认为“语窃虽似非强”这是没有用的，强盗和窃取有着本质上的差别，强盗就是以威若力而取其财的行为，而窃盗则是潜身隐面而取其财的行为。加药后使物主不能反抗与使用暴力使物主不敢反抗的后果是相同的。制判者在对犯罪手段与后果作出双向分析后，甄别开了盗窃罪与强盗罪。并且认定该案应适用强盗罪对谷遂进行定罪。再根据《唐律疏议·贼盗律》关于赃数的规定，得“十疋及伤人者绞”，因此判词有“计理虽合死刑”的话语表达。

---

① （唐）长孙无忌：《唐律疏议·贼盗律》，法律出版社 1999 年版，第 386 页。

其次，制判者在认定了谷遂的犯罪性质之后，还对该案的细节部分做了深入的发掘。对于犯罪嫌疑人被刑讯逼供的事实，法律上是有明确规定的，制判者强调在该案中也要得到重视。对“事发推勘，初拒不承”的犯罪嫌疑人，根据《唐律疏议·断狱律》“讯囚察辞理”条规定：“诸应讯囚者，必先以情，审查辞理，反复参验犹未能决，事须讯问者，立案同判，然后拷讯”的规定。可见，有条件的刑讯逼供在唐代甚至是整个中国古代社会是允许的。但在本案中，“官司苦加拷谇”的结果是直接导致受讯问人“挛其双脚”。唐律一贯表现为对老弱病残的怜恤，《唐律疏议·名例律》“老小及疾有犯”条规定：“十岁以上，及笃疾，犯反逆、杀人应死者上请，盗及伤人者亦收赎，余皆不论”。所以“计理虽合死刑”的判罚，又因“挛脚还成笃疾”而给出了“虽死之合输铜”收赎的初步意见。

再次，除主刑外，制判者还顾及到了附加刑：“正赃与倍赃，并合征还财主”。制判者心思缜密，考虑问题周全实属难得。而本案中“虽云十疋之赃”，却因估赃“高下未定，赃亦多少难知”，因此认为“赃估既未可明，与夺凭何取定?”没有草率下判。最后只作出了“宜牒市估，待至量科”的决定。本判词中，不光是对“加药取财”的犯罪性质给予了认定，而且还推衍出一系列裁判此案的诸多问题，但本案所围绕的始终都是严格的适用和解释唐律条文的字面意思，没有脱离字面解释这一范畴。

（三）限缩解释与扩张解释

限缩解释，就是对法律规范的字面含义加以一定的限制性说明，从而使条文所欲调整的范围及意义更加符合条文的原意的解释方法。所谓的“扩张解释”则与限缩解释相反，是指由于法律条文所呈现的字面含义过于狭隘，并不能完全展现法律条文所应有的文义或立法的本义，因而在条文字面含义的基础之上适当地加以扩张，从而揭示律文真正的意义所在。[①]

限缩或扩张解释方法在唐判中的运用，也是屡见不鲜的。如在白居易的《甲乙判》中就记载过这样一道判：

> [判目] 得甲居家，被妻殴笞之。邻人告其违法，县断徒三年。妻诉云：非夫告，不伏。
>
> [判词] 礼贵妻柔，则宜禁暴；罪非夫告，未可丽刑。何彼无良，于斯有怒：三从罔敬，待以庸奴之心；一杖所加，辱于女子之手。作威信伤于妇道，不告未爽于夫和。招讼于邻，诚愧声闻于外；断徒不伏，未乖直在其中。虽昧家肥，难从县见。[②]

关于妻殴杀伤夫的犯罪，唐律中是有明确规定的，该判词所要考察的也是对这一法条的理解和掌握。《唐律疏议·斗讼律》“妻殴詈夫”条：“诸妻殴夫，徒一年；若殴伤重者，加凡斗伤三等；须夫告，乃坐。死者，斩。”按照传统礼治的“亲亲”原则，妻子对丈夫的绝对遵从是不可更改的，妻子殴杀伤丈夫的行为，自然是绝对禁止的，既然此行为违反了礼制，那么在法律上必然会有相关的制裁规定。但在唐律中对于妻殴詈夫的告诉行为，却做了限缩解释，仅限于丈夫的自告，显然，邻人告发甲妻殴笞丈

① 对于限缩解释和扩张解释的定义，参见了管伟的《中国古代法律解释的学理诠释》一书，山东大学出版社 2009 年版，第 223 页。

② 《白居易集》卷第六十七。

夫的这一行为举措，是不符合该法条的规定的，自然白居易在判词的开篇就言明“罪非夫告，未可丽刑”。自然，县官最后的判决也是错误的。

再如，《龙筋凤髓判》卷四，太史一条记载了一件私习天文的判词：

［判目］太史令杜淹教男私习天文，兼有元象器物，被刘建告，勘当并实。

［判词］粤若颛顼，命南正以司天，昔在帝尧，列东宫以宾日。履端于始，序则不愆，举正于中，时乃不忒。自秦称金赞，叨五胜之宏纲，汉起玉鸡，叶三微之远度。征洛下，命唐都，考大衍之始终，步太初之盈缩，四营因之式序，八变所以无差，五星叶度于上，万物和平于下。杜淹位参羲仲，声振子韦，览沮诵之前规，遵史谈之旧典。星聚东井，逆辨休征，月犯少微，悬知应变。使星已发，无违寸景之期，御在莫干，不爽分毫之信。宫居太后，夙已上闻，宋起真人，预为先觉。谯周之论蜀灭，杜琼之说曹兴。此列代之攸钦，邦家之要籍。淹之少子，雅爱其书，习张衡之浑仪，讨陆续之元象，父为太史，子学天文，堂构无堕，家风不坠。私家不容辄畜，史局何废流行。准法无辜，按宜从记。①

① （唐）张鷟：《龙筋凤髓判》，田涛、郭成伟校注，中国政法大学出版社 1996 年版，第 154 页。

唐代对民间私习天文是进行严格控制的，官府对于举报私习天文者，还给予升官或五百贯钱的奖励。[①]《唐律》中规定："诸玄象器物，天文，图书，谶书，兵书，七曜历，太一，雷公式，私家不得有，违者徒两年。私习天文者亦同。其纬侯及论语谶，不在禁限。"其疏议对"私习天文者"也给予了解释："谓非自有书，转相习学者"。[②]如果严格按照唐律的规定，杜淹应处"徒二年"的刑罚是没有疑义的。但针对该案，张鷟并没有简单地从律文的字面意思来考量，而是更多地从人情道理等因素来解释和适用该律条的规定，张鷟对适用于私习天文的行为人的范围给予了限缩性的解释，他认为的禁止"私习"只是针对没有天文专业需求的普通民众，其立论的依据就是"私家不容辄畜，史局何废流行"，法律只是规定私家不得学习天文，但杜淹作为太史令，这有别于一般意义上的"私家"，所以，最后的判定为："准法无辜，按宜从记。"

可见，对法律规范的字面含义做缩小解释的情况，可能与"大前提"同时出现，也可以发生在找到适用个案的"大前提"之后。一方面，法官在找到适用于个案的"未经加工的法律"的同时，可以结合案情，对法律条文的字面含义给予一定的限定，使其对个案更有说服力；另一方面，对于在法律条文中已经作出的某些限定，要在与个案结合时绝对地遵守，这跟字面解释的情况有些接近。

接下来，再举一个关于适用扩大解释的判词：

---

① （清）董诰：《全唐文》，上海古籍出版社 1990 年版，第 520 页。

② （唐）长孙无忌：《唐律疏议·职制律》，法律出版社 1999 年版，第 212 页。

[判目] 得乙出妻，妻诉云：无失妇道。乙云：父母不悦则出，何必有过。

[判词] 孝养父母，有命必从；礼事舅姑，不悦则出。乙亲存为子，年壮有妻。兆启和鸣，授室之仪虽备；德非柔淑，宜家之道则乖。若无爽于听从，易见尤于谴怒？信伤婉娩，理合仳离。且闻莫慰母心，则宜去矣；何必有亏妇道，然后弃之？未息游词，请稽往事。姜诗出妇，盖为小瑕；鲍永去妻，亦非大过。明征斯在，薄诉何为？[①]

从判目的介绍中可知，这是一道跟“七出”原则相关联的案件。西周以降，明确规定了夫家休弃妻子的七种情况，即无子、淫、不事舅姑、多口舌、盗窃、妒忌和恶疾，这七种情况都是妻子有明显的过错，而且还要与“三不去”原则相结合使用，也就是说夫家是不能随便休妻的。而且在唐律中也明确禁止七出之外的休妻行为：“诸妻无七出及义绝之状，而出之者，徒一年半，虽犯七出，有三不去，而出之者，杖一百。追还合。若犯恶疾及奸者，不用此律。”[②] 白居易对于这道判词的最后裁决是支持甲出妻的，而支持甲的最主要理由就是甲妻使“父母不悦”，也就是说，白居易在这里是对“七出”原则中的“不事舅姑”给予了扩大的解释。白居易认为，对父母尽孝的一个重要内容就是要顺，要听从父母的命令，如果使父母不悦，这自然是不孝的表现，完全可以成为休妻的理由。

① 《白居易集》卷第六十七。

② （唐）长孙无忌：《唐律疏议·户婚律》，法律出版社1999年版，第290页。

而与该案件很相似的是“甲妻于姑前叱狗”判，甲认为自己的妻子有指桑骂槐的嫌疑，要休妻。白居易则诘问甲“小过不忍，岂谓夫和”？白氏对于这一案件，则站在了甲妻一边，他认为甲的做法没有道理，甲妻训斥狗，并不能跟不孝父母相联系，所以否定了甲欲休妻的做法。

比较上述休妻的两个案例可见，对于什么时候要严格遵守法条的字面解释，什么时候可以做扩大的解释，这是由法官在处理具体个案时灵活把握的。而从白居易对“不事舅姑”原则的扩大解释可知，法官对法律的解释不仅限于条文，也可以是法律原则。这一点也恰好印证了陈金钊教授对文义解释的定义。

（四）文义解释的方法在唐代拟制判决中的地位

毫无疑问，在近现代的法律解释方法中，文义解释乃是最根本、最优先的法律解释方法。陈金钊曾对文义解释的地位给出过中肯的评价：“按照法治的要求，文义解释是法律解释的最基本方法，在一般情况下，与其他法律解释方法相比较文义解释优先，反对在司法过程中过度诠释法律。”[①] 对文义解释的这种评价在近现代的司法实践中，显然是成立的。那么，在中国古代社会，所适用的法律解释方法中，文义解释的方法是不是与近现代司法过程中所体现出来的情况相同呢？有人对此给出过否定的回答，“文义解释的方法尽管在古代中国的司法实践中能够得到广泛适用，也不乏宁使君上不悦乃执著于文义解释的明吏的存在，但文义解释方法在古代中国的司法实践中从未获得一个优先适用

① 陈金钊：《文义解释：法律方法的优位选择》，《文史哲》2005年第6期。

的地位，更不可能影响到古代典型人治社会的色彩。究其原因，实是古代中国社会上至天子，下至群臣，乃至整个社会弥漫着一种工具主义色彩的法律观的必然产物。在古代中国人眼中，法律从来不是自治存在的产物，它只是一种没有灵魂的可以为人随心所欲适用的工具……”①

对此种认识，本人不能全部的赞同。现将本人的观点阐述如下：

1. 本人对管伟对中国古代社会的定性和具有法律工具主义的法律观，不置可否。中国古代社会确实是典型的人治社会，君主作为国家的最高统治者，其在立法上是要求严格按照律文之义来严格裁断的，正所谓“诸断罪皆须引律、令、格、式正文，违者笞三十”。但在司法实践中，却没有一个完整的理论作为支持文义解释方法的基础。

2. 由于人治社会的社会性质，决定了中国传统社会是缺乏“法律至上”理念的，这也是事实。我们现在研究的法律发现方法或者具体到此章讲的法律的具体适用方法，都是建立在以公平、正义为根本的法治社会而言的，“法律如不能被信仰，它形同虚设”的观念在中国传统社会自然没有生存的土壤，这也是众所周知的事实。但是，法律究竟是什么？不同的学者站在不同的角度，可能会得出不同的解释。这一方面会深化人们对什么是法律的深层次思考，另一方面却也在模糊人们的视线，正同管伟一派的学者会从统治阶级意志之体现这一角度来解释法律，而循此思路，法官所发现的法律就必须是在统治阶级意志之下去寻找，

① 管伟：《中国古代法律解释的学理诠释》，山东大学出版社 2009 年版，第 225 页。

然而无论何时何种统治阶级的意志都是不确定而易变的，那么这就与法律最本质的特性——稳定性和明确性相违背。而且，从法律实证主义的角度考察后会发现，统治阶级的意志在具体个案中是很难予以把握的，因为人治与法治社会的最本质区别并不在于有无成文法典可供依循，而是在面临威胁到统治阶级利益的时候，是法大于人还是人大于法，而具体个案并不总是威胁到统治阶级利益的。

3. 是不是所有的问题都要放在区分社会性质这样一个大前提下来讨论呢？本人觉得此谓“方法”，是一个独立存在的命题，正如刘作翔对法律文化的解释那样，既存在制度性的法律文化，也存在观念性的法律文化，更有一种叫方法论的法律文化。你不能说在德国做中国菜的方法和在中国做中国菜的方法是不同的。笔者在第一章中曾强调，方法是一种起到巩固加强所属社会性质的手段，无论是人治社会抑或是法治社会，在方法面前都是要达至的目的。所以，本人觉得在中国传统社会，文义解释的方法不但存在，而且在众法律解释方法中它也占有最基本最优先的地位。本书前文已经提到，在遇到个案时，古代法官惯常的做法是要对案件性质进行划分，在适用制定法的案件中，绝大部分的案件是遵照律文的意思来适用于个案的。只不过，由于在中国古代缺少法律职业群体，所以，相对于西方的理性思维能力是缺失的，对于所谓司法实践中方法的理论化和体系化是不存在的。但这也并不能否认文义解释的地位的重要性。

关乎实践的问题，总不能老是站在理论的高度来凭空地推理和设想，最有效的办法还应效仿黄宗智做切实的实证研究。本人对《龙筋凤髓判》和《甲乙判》中适用法律解释个案的案例进行了统计，并对其中严格适用文义解释方法的案件重新梳理，统计结果显示，在张氏《龙筋凤髓判》中，刑事和行政类案件共56件，除去因证据不足待裁定的案件7件外，严格遵照律典规定判处的案件共计41件，占整个统计比重的72%；而在白氏《甲乙判》的一百○一道判词中，刑事、行政和军事类案件共有54件，除因证据不足待裁定的4件外，严格遵照制定法判决的案件共计39件，占整个案件比重的72.2%。

当然，因为本人是站在准司法实践的角度来讨论问题的，而准司法实践毕竟不是真正的司法实践，用拟制判决来印证文义解释在司法实践中的地位是欠缺说服力的，对于这一问题，笔者还将在本书的稍后章节做进一步的讨论。

二　断罪无正条而比附援引的解释——当然解释

《唐律疏议·名例律》"断罪无正条"的规定正是对当然解释的最典型的体现："诸断罪无正条，其应出罪者，举重以明轻；其应入罪者，举轻以明重。"《疏议》中以举例的方式，进一步解释了这种当然解释的适用方法："断罪无正条，一部律内，犯无罪名。'其应出罪者'，依贼盗律：'夜无故入人家，主人登时杀者，勿论。'假有折伤，灼然不坐。又条：'盗缌麻以上财物，节级减凡盗之罪。'若犯诈欺及坐赃之类，在律虽无减文，盗罪尚得减科，余犯明从减法。此并'举重明轻'之类。"从唐律中关于律无明文规定的犯罪的处罚方法上来看，所用的是比附有规定的犯罪，根据个案犯罪情节的轻重，来推演出适用于个案的条文以及处罚的轻重。

我国台湾学者杨仁寿曾对当然解释给出过定义："当然解释，

指法文虽未规定，惟依规范目的衡量，其事实较之法律所规定者，更有适用之理由，而径行适用该法律规定而言。……唐律所谓举重以明轻或举轻以明重，即系当然解释之法理。"[①] 其实，早在清末之际，沈家本曾提出过一个"自然解释"的概念，他认为："自然解释者，即所犯之罪与法律正条同类，或加甚时，则依正条解释而用之也。同类者，例如正筑马路，正条之禁马车经过，则象与骆驼自然在禁止之列。加甚者，例如正条禁止钓鱼，其文未示及禁止投网，则投网较垂钓加甚，自援钓鱼之例定罪也。"[②]

由此可见，当然解释和文义解释之间的关键差别就在于，法有无明文的规定。若法无明文之规定，对于法条记述之案件构成有类同，则可以依法律条文解释而用，但这里适用于当然解释的法律条文本身具有一定的弹性空间。

从现存的唐判中，也能够看见制判者运用当然解释的方法处理案件的情况，例如，在敦煌文书 P3813 号《文明判集残卷》就记述一件户部受理地方上诉的案件：

> [判目] 宋里仁兄弟三人，随日乱离，各在一所：里仁属甘州，弟为贯属鄠县，美弟处智属幽州，母姜元贯扬州不改。今三处兄弟，并是边贯之人，俱悉入军，母又老疾，不堪运致，申省户部听裁。
>
> [判词] 昔随季道销，皇纲弛紊，四溟波骇，五岳尘飞。

---

① 杨仁寿：《法学方法论》，中国政法大学出版社 1999 年版，第 120 页。

② 沈家本：《新刑律草案补笺》，转引自陈新宇《从比附援引到罪刑法定》，北京大学出版社 2007 年版，第 92 页。

兆庶将落叶而同飘，簪裾共断蓬而俱逝。但宋仁昆季，属此凋残，因而播迁，东西异壤。遂使兄居张掖，弟住蓟门；子滞西州，母留南楚。俱沾边贯，并入军团。各限宪章，无由觐谒。瞻言圣善，弥悽罔极之心；眷彼友于，更轸陟岗之思。恂恂老母，绝彼璠玙。悠悠弟兄，阻斯姜被。慈颜致参商之隔，同气为胡越之分。抚事论情，实抽肝胆。方今文明御历，遐迩乂安；书轨大同，华戎混一。惟兄惟弟，咸曰王臣；此州彼州，俱沾帅土。至若名沾军贵，不许迁移，法意本欲防奸，非为绝其孝道。即知母年八十，子被配流，据法犹许养亲，亲殁方至配所。此则意存孝养，具显条章。举重明轻，昭然可悉。且律通异义，义有多途。不可执军贯之偏文，乖养亲之正理。今若移三州之兄弟，就一郡之慈母，庶子有负米之心，母息倚闾之望。无亏户口，不损王徭。上下获安，公私允惬。移子从母，理在无疑。①

这是一件可归类于民事性质的案件，宋母年迈有疾，三个儿子又天各一方充军服役，儿子为了尽孝，请求与母团聚。在唐代的制定法中，没有与本案案情相符的法律规定，这就要求制判者在已有的法条中寻找与本案相关的法律规定，通过比附的方法来证成此案。制判者首先认定了兄弟三人目前不能服侍母亲并非出于主观故意，而是因为隋末的战乱，使得三人天各一方。所以，制判者在判词的开篇就揭示了兄弟三人为行孝而表现出的心有余

① 杨一凡主编：《中国珍稀法律典籍集成》甲编，第三册，《文明判集残卷》，科学出版社 1994 年版，第 196 页。

而力不足的急迫心情。接下来，作者分析了军法与尽孝之间的利害关系，认为军法意在除奸，并不是非要绝其孝道而订立。故而，让宋氏三兄弟回到母亲身边尽孝，于国于民都是有利的。

接下来，作者借唐律对存留养亲制度的规定，推导出允许该案母子团聚在法律上也能获得支持的依据："即知母年八十，子被配流，据法犹许养亲，亲殁方至配所。此则意存孝养，具显条章。举重明轻，昭然可悉。"作者在这里运用的是标准的当然解释的方法。制判者认为，父母年迈，即便独子被判流配刑，也要等为父母养老送终后，才能执行刑罚，这在唐律中是明文规定的。也就是说，有犯罪行为的人都可以为父母养老送终后再执行判决，那么该案中的兄弟三人并没有犯罪行为，用举重以明轻的解释方法，兄弟三人回家照顾老母的行为，自然应该得到法律上的认可和支持。

从上面所引的这件判词中，我们不难发现，在唐代乃至整个中国封建社会，关于当然解释的方法，不但在律典中有明确的适用规定和如何适用的解释，而且在法律实践中，当遇到"断罪无正条"的案件，当然解释的方法首先会被触及。

三　探究立法意图的解释——目的解释

文本解释因本身所固有的缺陷而无法实现对立法目的进行解释。对于有些案件，通过"探求立法者或准立法者于制定法律时所作的价值判断及其所欲实现的目的，以推知立法者的意思"①又是大有必要的。中国台湾地区的杨仁寿曾对什么是目的解释给

① 梁慧星：《民法解释学》，中国政法大学出版社2003年版，第227页。

出过自己的理解："法律目的，有于法律中予以明确者；有虽于法律中未规定，惟可直接从法律名称中觅其目的者；有法律未明显目的，亦无从于法律名称觅其目的者，则必以'逆推法'予以探求，盖法律个别规定或多数规定所欲实现之'基本价值判断'，较为具体，易于觅至，以之加以分析、整合，不难理出多数个别规定所欲实现目的，斯即规范目的。"①

"生法者君也，守法者臣也"的法制二元观，是从立法的角度对中国古代传统社会法制发展的中肯评价，并且已经得到了学界的普遍认同。但是这种"君立臣守"的法制二分法在古代的司法实践中到底被发挥到了何种程度，这个问题在很大程度上被忽视了。任何时代的法律都有其符合法律制定者的特定目的，任何时代的司法官亦都有责任来实现法律目的的贯彻和实施。笔者通过对唐判的梳理比较后，深刻体会到，在判决的过程中，所谓的守法者并不是一味的奉行法条的字面意思来给出判决，甚至在一些案件中，制判者要向更深处——立法目的来发掘判准。

例如在《龙筋凤髓判》中有这样一个案例，要求制判者给出判决：

[判目] 郎将侯圭使西域市马，属碛石乏食，遂将赍马价籴食以救之，并免饥饿。御史弹不承制命，擅用官物。

[判词] 大宛之国，旧出名驹，小月氏郊，素宜良马。出阳关而直望，但见平沙，历险固以遐征，惟多积雪。秋风

① 杨仁寿：《法学方法论》，中国政法大学出版社 1999 年版，第 127 页。

旦惨，白日黯而将昏，寒云夕愁，黄尘暗而无色。斜冲乌弋，直指龟兹，践无雷之旧墟，驰有霜之故地。东道之骏，仍未交关，西回之兵，辄为赒赈。但重人贱畜，往哲之嘉猷，救死扶危，明王之盛事。若适逢兵饿，汲黯之擅无伤，矫费赍资，敬声之状无舍。柏台奏劾，合寘严科，棘署论刑，更宜推鞫。待知的状，方可量裁。[①]

从判目中介绍的案情来看，这是一道判定是否成立擅用官物罪的案件。何为官物？唐律中是有明确界定的："诸官物当应入私，已出库藏而未付给；若私物当供官用，已送在官；及应供官人之物；虽不供官用，而守掌在官者：皆为官物之例。"[②] 郎将侯圭出使西域买马当属公事，且欲购之马应属于官物范畴中的第三种——应供官人之用。但侯圭却将买马的钱买了粮食来救济饥饿之人，当属擅用官物。所以，御史弹侯圭不承制命，擅用官物，并不为错。沿着御史的判决逻辑，适用在郎将侯圭身上的判决规定就应该是《唐律》厩库律中的"输课物齐财市籴充"条。该条规定："诸应输课物，而辄齐财货，诣所输处市籴充者，杖一百。将领主司知情，与同罪。"[③]

然而，张鷟作为制判者，并没有仅仅停留在该法条的字面意思。大宛、小月氏国盛产良马，这是侯圭去往该地贩马的主要原因，张在判词的开篇点明这一点，也是为"但见平沙，历险固以

---

① （唐）张鷟：《龙筋凤髓判》，田涛、郭成伟校注，中国政法大学出版社 1996 年版，第 131 页。

② （唐）长孙无忌：《唐律疏议·厩库律》，法律出版社 1999 年版，第 321 页。

③ 同上书，第 320 页。

遐征，惟多积雪”的艰苦行程做逻辑铺垫。正因为当地恶劣的自然条件，才使得人们缺衣少粮，这也是侯圭作出赍马价籴食救人的直接原因。张鷟认为，侯圭的擅用官物，并不符合“输课物齐财市籴充”条的规定，该条文的立法目的是为了防止以官牟私、将公变私的赃罪发生而订立的，而侯圭的赍马价籴食的行为并不是为了谋取私利。张鷟所言“重人贱畜，往哲之嘉猷，救死扶危，明王之盛事”这句给侯圭的行为作出了准确的定位，既然侯圭的行为并不是为私利，而是一种救死扶伤的圣洁行为，故而御史的弹劾不应成立。最后，张鷟进一步强调了自己的判案立场：棘署论刑，更宜推鞫，待知的状，方可量裁。适用刑罚是一件残酷而严谨的事情，科案论刑要倍加谨慎，要反复的推敲。张鷟这里所用的“推鞫”不仅仅是强调什么样的案件应该适用刑法、适用哪条规定，更强调的是要探究法条背后深层的立法意图，要明白立法的目的，才能最终做到“合寘严科”。

此外，像张鷟的失马亡弓判、白居易的失农候判都是在探究立法目的的基础上，作出了有别于运用字面解释方法的判决。

古今中外，对于法律需要保持稳定性这一点已经得到了普遍认同，唐太宗也曾经慨叹“法令不可数变，数变则烦”。而中国古代欲保持法律稳定性的原因却是在于“祖宗之法不可变”的固有观念，后人要始终保持对先祖的尊敬和崇拜。但是，随着时代的变迁和社会新事物的应运而生，制定法的保守性和滞后性等弊端显露无遗，如何在继续保持法律的稳定性同时，又能对无明确法律规定的案件作出判决，这始终是在司法实践中急需解决的问题。通过对唐判这样一个拟制判决境域下的研究后发现，古代的司法者除了运用比附的当然解释的方法之外，目的解释的方法的运用同样是不可或缺的手段，而且在客观上也促进了制定法的发展和成熟：通过对法律规则的目的解释，最直接的成效就是避免对法条理解上的错误；其次，可以解决因法律漏洞而产生的疑难案件，最后，通过对相似的疑难案件的相似处理，可能创制出新的法条。

四　注重情理的解释——维理解释

情理可以作为法源，成为断案的准据。同时，在对个案进行解释分析之时，中国古代法官也擅于运用情理的方法。“情理分析的方法是一种检验法律正当性的分析方法，情理能够对既定的法律规则进行实践领域的矫正或纠正”。[①] 如果说，作为法源的情理，更加强调的是“情”这一特殊前提，在作出判决时往往抛开制定法而不顾；当情理作为解释制定法的方法时，情理更加注重的是说理的方式，体现出很强的理性逻辑分析能力。笔者暂且将这种注重说理、维系理性分析的方法定名为维理解释的方法。

在唐代的判词中，不乏运用维理解释的方法处理的案件，其中大部分为民事案件，其说理之细腻、逻辑之清晰，在众多判词中脱颖而出，具有鲜明的说理特点。例如，《文明判集残卷》中对于弘教府队正李陵阵前失马亡弓的处理意见，就运用了维理解释的方法。

［判目］弘教府队正李陵，往者纵驾征辽，当在跸驻阵，临战逐失马亡弓。贼来相逼，陵乃以石乱投，贼徒大溃。统

① 霍存福：《中国传统法文化的文化性状与文化追寻——情理法的发生、发展及其命运》，《法制与社会发展》2001 年第 3 期。

管以陵阵功，遂与第一勋，检勾依定，判破不与陵勋。未知若为处断？

［判词］经纬乾坤，必藉九功之力；刬平祸乱，先资七德之功。往以蕞尔朝鲜，久迷声教。据辽东以狼顾，凭蓟北以蜂飞。我皇凤跱龙旋，天临日镜，掩八纮而顿纲，笼万代以翔英。逐乃亲统六军，龚行九伐。羽林之骑，肃五校而风临；倾飞之伦。俨七萃而云布。李陵雄心早著，壮志先闻。弯繁弱以從戎，负干将而应募。军临驻跸，贼徒蜂起，骇其不意，失马亡弓。眷彼事由，岂其情愿。于时凶徒渐逼，锋刃交临。乃援石代戈，且前交战。气拥万人之敌，胆壮疋夫之勇。投躯殒命，志在必摧。群寇詟威，卒徒鱼溃。是以丹诚所感，鲁阳迴落日之光；忠节科期，耿恭飞枯泉之液。以今望古，彼实多惭。于时统管叙勋，陵乃功标第一。司勋勾检，咸亦无疑。兵部以临阵亡弓，弃其劳效。以愚管见，穷未弘通。且饰马弯弓，俱为战备。弓持御贼，马拟代劳。此非仪注合然，志在必摧凶醜。但人之秉性，工拙有殊。军事多权，理不专一。陵或不便乘马，情愿步行；或身拙弯弓，性工投石。不可约其军器，抑以不能。苟在破军，何妨取便。若马非私马，弓是官弓，于战自可录勋，言失亦须科罪。今若勋依旧定，罪便可推。庶使勇战之夫，见标功而励己；怯懦之士，闻定罪而惩心。自然赏罚合宜，功过无失。失纵有罪，公私未分。更仰下推，待之量断。[①]

① 杨一凡主编：《中国珍稀法律典籍集成》甲编，第三册，《文明判集残卷》，科学出版社 1994 年版，第 288 页。

该判的制判者对于李陵阵前失马亡弓作出了 506 字的处理意见，在唐代的判词中可谓是宏幅巨制了。该判的争议点就在于李陵阵前失马亡弓与他加官晋爵之间到底有没有直接的关系，制判者则是以失马亡弓的原因为切入点，展开说理：

首先，制判者认为，李陵在阵前一片混乱之时失马亡弓，并非故意。"军临驻跸，贼徒蜂起，骇其不意，失马亡弓。眷彼事由，岂其情愿。"既然是客观环境造成失马亡弓的后果，并非主观之故意，所以在"情"字上李陵是可以被原谅的。其次，李陵对于自己失马亡弓的后果给予了及时的补救。"贼来相逼，陵乃以石乱投，贼徒大溃"，可见，李陵是一个骁勇善战的勇士，他并没有临阵先退（《唐律·擅兴律》中有对主将临阵先退的处罚规定）。李陵的丹诚与忠节难道不应该受到褒奖吗？再次，兵部抓住临阵亡弓这一点，认为李陵的骁勇行为是在将功赎罪的观点，作者给予了否定。

制判者在给出自己处理意见之后，并没有就此打住，而是采用"换位思考"的方式来加强自己的处理意见。制判者认为，在战场上，人是主角，马匹和弓箭只是为战斗而准备的工具而已，最终目的在于是否杀敌取胜。而且，人的秉性爱好是不一样的，有些人擅于使用兵器，而有些人却不擅于使用兵器，假使李陵正好是后者——"陵或不便乘马，情愿步行"；"或身拙弯弓，性工投石"——但是并没有影响到他杀敌取胜的结果。所以，作者进一步强调"不可约其军器，抑以不能"。

制判者认为，假使马是公家的马，弓是也官府的弓，那么，按照旧有规定，胜利即可录勋，失马亡弓就该科罪，这是没有问题的。但赏罚要想做到合理，就必须查明事实，现在马和弓的公私所属问题并没有调查清楚（“失纵有罪，公私未分”），就莽撞定论，这样很难让人折服。所以，制判者最后对此细节问题也给予了保留意见——更仰下推，待之量断。

从整篇判词的写作思路上看，制判者并没有围绕相关的律令规定来对此案给予解释，而是更多的将李陵失马亡弓与此次战争的结果相联系，采取的是对该案件事实的多角度的分析方式，来给出自己的处理意见，这样一来，制判者阐明自己的观点的理由就必须要充分。通读全文后，会感受到作者在对李陵因何失马亡弓给予一定的情感关怀后，更多的是清晰而严谨的理性分析。

再如，白居易《甲乙判》中的牛抵马死判：

[判目] 得甲牛抵乙马死，请偿马价。甲云：在放牧处相抵，请陪半价。乙不伏

[判词] 马牛于牧，蹄角难防；苟死伤之可征，在故误而宜别，况日中出入，郊外寝讹：既谷量以齐驱，或风逸之相及。尔牛孔阜，奋骍角而莫当；我马用伤，踠骏足而致毙。情非故纵，理合误论。在皂栈以来思，罚宜惟重；就桃林而招损，偿则从轻。将息讼端，请征律典。当陪半价，勿听过求。[1]

甲某的牛将乙某的马觝死，这是一桩典型的民事侵权案件，原告乙要求甲赔偿马的全价，而甲只同意赔偿半价，乙不服，将甲告官。

① 《白居易集》卷第六十七。

对于牲畜之间的杀伤，唐律中是有明文规定的，《唐律疏议·厩牧律》“犬伤杀畜产”条：“诸犬自杀伤他人畜产者，犬主偿其减价；余畜自相杀伤者，偿减价之半。即故放令杀伤他人畜产者，各以故杀伤论。”对于此案，白居易是站在该法条规定之基础上，更加注重的是对于牲畜之间的杀伤是因何而赔的说理过程。白氏认为，牛马在同一草场上放牧，难免蹄角相向，死伤更是常见之事，但问题的关键在于要区别故意与过失。牛马争食，可能会产生两种后果：“尔牛孔阜，奋骍角而莫当；我马用伤，踠骏足而致毙”，即牛的死伤或马的死伤，但这都属“情非故纵”，并不是律典中所言的故意放令杀伤他人畜产的情况。所以，判决甲赔偿乙某马的半价，“当陪半价，勿听过求”。

以上这两个案例，都是在有法律明文规定的情况下，倾向于运用维理解释的方法来调处个案。而在律令无文的情况下，运用维理解释的方法就显得更加的重要和准确。例如，在《文明判集残卷》中有一民事类判词：

> ［判目］选人忽属泥涂，赁马之省。泥深马瘦，因倒致殂。马主索赔，选人不伏，未知此马合倍已不。
>
> ［判词］但选人向省，远近易知，平路虽泥，艰危可见。向使扬鞭抗策，故事奔驰，马倒制不自由，取毙似故非理，披寻状迹，悬亦可知。折狱片言，于兹易尽。向若因奔致倒，明知马死因人。马既因倒致殂，人亦无由自制。人乃了无伤损，马倒即是乘闲。计马既倒自亡，人亦故无非理。死乃惟天命，陪则窃未弘通。至若马倒不伤，人便致死，死状虽因马倒，马主岂肯当辜？倒既非马之心，死亦岂人之意。

以人况马，彼此何殊。马不合陪，理无在惑。[①]

此判属律令无文的情理判决。案情的概要是选人所赁之马在履泥涂时，泥深马瘦，马倒而死，马主向选人索赔，选人不服。制判者在判词中主张由于马倒并非人为因素，人无法控制和预见马倒这一事实，因而马倒而死实乃天意，属不可抗力，选人不应赔偿。作者围绕这一判决主张，展开了逻辑性很强的说理讨论：首先，选人向省，是熟悉道路的，对于平路有泥的风险，应该有所预见；其次，如果选人策马扬鞭，马在受控制的情况下突然倒地，路上会留下明显的痕迹，就目前所掌握的情况来看，又并非如此；再次，如马确是因人而死，在奔跑中突然倒地，那么人也应该受伤，但“人乃无伤损”，通过这些事实可以断言，马并不是因奔致殂，而是在闲乘之时，自然死亡，此乃天命，并非人为。由此，该判词明确了不可抗力而免责的民事责任原则；最后，制判者为了使自己的论断更加有力，又用反例加以明理，“至若马倒不伤，人便致死，死状虽因马倒，马主岂肯当辜”，也就是说，如果马倒无事，但致选人死亡，那么马主你还敢声称无辜，要求赔偿吗？通过这一系列的逻辑分析，制判者最后认定“马不合陪，理无在惑”。

五 法律发现中的其他方法

（一）利益衡量的方法

利益衡量诞生于自由法运动之后，由利益法学派首先提出。

① 杨一凡主编：《中国珍稀法律典籍集成》甲编，第三册，《文明判集残卷》，科学出版社 1994 年版，第 294 页。

利益法学派认为法律的实际作用远比法律的抽象内容更为重要，法官在用法之际，应在尊重法条文字之意的同时，还应兼顾立法者之意旨；对立法者疏忽之处，应运用智慧，自动审察各种利益，加以衡量。换言之，“法官在阐释法律时，应摆脱逻辑的机械规则之束缚，而探求立法者于制定法律时衡量各种利益所为之取舍，设立法者本身对各种利益业已衡量，而加取舍，则法义甚明，只有一种解释之可能性，自须尊重法条之文字。若有许多解释可能性时，法官自须衡量现行环境及各种利益之变化，以探求立法者出于今日立法时，所可能表示之意思，而加取舍。斯即利益衡量。”① 杨仁寿认为运用利益衡量的方法来发现法律，有一个前提是非常重要的，即对于“大前提”有许多种解释。只有出现多种选择时，才能运用利益衡量的方法。

中国古代对于案件的处理，尤其是对民事纠纷的处理，往往重结果而轻程序，正是在追求这种实质正义的过程中，法官对于判决结果的考量也是全方位多角度的。我们常说，中国传统社会对于司法判决结果的最高境界是要达到“情法两平”，其实一个“平”字就足以说明这其中对各种利益和环境因素的考量。这就要求法官在不违背立法者的立法意图这一大的前提下，权衡利弊，最终作出一个最大限度的公正的判决。其实，中国古代这样一种“两平”的断案方法，跟近现代西方所提出的利益衡量理论非常相似。以下，本人将从唐判中选取几例加以说明。

例如，在张鷟的《龙筋凤髓判》左右屯卫二条之二中，讲述的就是对飞骑将军刘恭才貌取舍的案例：

---

① 杨仁寿：《法学方法论》，中国政法大学出版社 1999 年版，第 175 页。

［判目］飞骑将军刘恭膂力轶群，弓马超众，眇其一目，恐不堪侍奉，欲放归乡里，又惜其身材。

［判词］主上股肱是为心膂，汉高之得樊哙，廓去妖氛，曹公之得典韦，克宁寰宇。刘恭力齐乌获，勇若专诸，非无孟悦之才，实兼任鄙之状。登城断布，所向无前，荷石投人，谁当其勇。越稷门之宇，俊健有闻，举大国之关，骁雄可尚。昔子夏丧目，犹讲授于西河，左邱失明，亦修书于东鲁。般堪虽眇，作牧于江滨，丁仪止婚，兴嗟于魏帝。用大掩小，弃短从长，川泽纳污，山薮藏疾。蛇衔辉乘，不以细类为嫌，虹气连城，不以微瑕致损。大材可录，小疹何伤，既要所须，宜依旧定。①

从判目中可知，刘恭武功高强，但长相凶恶，不敢让他服侍长官，对于这样一个矛盾，不知该如何解决。

我们都熟悉的猛将樊哙，本是以屠狗为业的屠户，后成为刘邦的心腹，开国的功勋，是楚汉时期仅次于项羽的著名将领。典韦是三国时期曹魏的一员猛将，更是有“古之恶来”的称谓，但对曹操忠心之至更是传为佳话。陈寿对此二人曾有过评述：“许褚、典韦折冲左右，抑亦汉之樊哙也，而典韦早夭，实乃太祖之大不幸也。”② 可见，张鷟将刘恭与古时的樊哙和典韦作比较，用意在于肯定刘恭在军事上的才气。那么，对于这样一位难得的人才，怎么能因为他的长相而弃之不用呢？正确的做法是要“用

① （唐）张鷟：《龙筋凤髓判》，田涛、郭成伟校注，中国政法大学出版社 1996 年版，第 118 页。

② 《三国志·典伟传》。

大掩小，弃短从长”，“不以微瑕致损。大材可录，小疹何伤”。

此道判所要求的是对一个人的才貌进行取舍，利弊之间的差别明显，相对来说给出此判决结论还是比较容易的。但对于公利益的裁量就复杂很多，在白居易的《甲乙判》中，有这样一个案例：

［判目］得转运使以汴河水浅，运本不通，请筑塞两河斗门。节度使以当军营田，悉在河次；若斗门筑塞，无以供军。

［判词］川以利涉，竭则壅税；水能润下，塞亦伤农。将舍短以从长，宜去彼而取此。汴河决能降雨，流可通财。引漕运之千艘，实资积水；生稻粱于一溉，亦藉余波。利既相妨，用难兼济。节度使以军储务足，思开窦而有年；转运司以邦赋贵通，恐负舟而无力。辞虽执竞，理可明征。奎四国之征，其伤多矣！专一方之利，所获几何？赡军虽望于秋成，济国难亏于日用。利害斯见，与夺可知。[①]

判目中介绍了争议的要点：转运使认为汴河河水过浅，妨碍运输，要求筑塞两河斗门，以增加水位；节度使认为这样做会淹没两岸的营田，影响收成，无法供给军需。这是一道要求制判者在平行的公权益之间作出抉择的判词，白居易在给出的判词中也言明“利既相妨，用难兼济”。

对于此判词的写作，白居易一改往常开篇点明自己观点的写作风格，而是将转运使和节度使双方关于汴河河水关及切身利益

① 《白居易集》卷第六十六。

的理由详加阐述。“汴河决能降雨，流可通财。引漕运之千艘，实资积水；生稻粱于一溉，亦藉余波”，汴河确能通船，运输货物，带来财富，转运使并不是无理请求；但粮食需要灌溉而不是用水来淹溉，节度使站在军需的立场上，反对河水上涨也是正确的。这就涉及在转运使与节度使各自的利益下，如何作出取舍。在判词的篇末，白居易给出了自己的取舍结果：“奎四国之征，其伤多矣！专一方之利，所获几何？”意思是说战士征战沙场，伤亡很多，而为了一点小利，就要上涨水位，最终所获得的利益又有多少呢？白居易先用一个感叹的语气来点明自己的立场，又用一个反问的语气来强化自己的立场。“赡军虽望于秋成，济国难亏于日用”，虽然粮食丰收要等到秋天，但将士的休养生息需要从平日的生活中取得。可见，白居易在权衡利弊之后，不同意转运使筑塞两河斗门增加水位的请求。

从此判词作者白居易给出的判决结论来看，对于此两利益之选择，其背后是有着深厚的儒家思想做理论支撑的。这些富含儒家思想的“文人判”，在今天看来，仍然能够反映出中国古代法律甚至法律文化中的某些特点。[①] 这些通过科举考试进入仕途成

① 对于“文人判”的概念，本人是借用了梁治平先生在《法意与人情》一书中的观点，梁先生认为，“中国的官吏，都是由读书人充任的。为官的资格，不在于是否接受过专门的训练，而在于是否熟读经史，工于文章。其结果，中国古代的司法判决便具有了一种特别的风貌。虽然它们也像古今所有民族的法律判决一样叙述事实，适用法律，但同时又是文人的作品。它们的样式一面受一个时代文风的影响，一面也反映出作者个人的文学趣味和修养。也许，我们可以恰如其分地把它们叫做‘文人判’。”具体内容请参见梁治平《法意与人情》，中国法制出版社 2004 年版，第 174 页。对于梁先生所言的古代的官吏都由读书人充任的说法，本人觉得在朝代上须要有所界定，夏商时期的司法官吏多从军士将领中演化而得，秦的法吏也不一定都是读书人，这样的说法不是很严密。但是，梁先生所讲的主要是立足于科举考试诞生之后的朝代，那么这种情况是成立的，所以本人将“文人判”的概念引进使用。

为司法官吏的“文人”，在处理类似于上述案例的具体个案时，对于利益的权衡仍然脱离不了儒家思想的框架。儒家崇尚仁、义、礼、智、信，孔子常言“君子言于义，小人言于利”，对于“义”和“利”价值位阶是非常明显的，义要远大于利。这也就是白居易所认为的，对于战士之义要给予回报，而对于转运之利要给予舍弃的根本原因。

此判词的利益取舍较张鷟判词中的才貌取舍问题复杂困难了许多，它是对平行的两个公利益进行价值衡量，然后给出取舍的结论。如果遇到的是公利益与私利益之间的冲突，那又该如何权衡裁量呢？在张鷟的《龙筋凤髓判》中有这样一个案例，是对于旧有皇家苑地的归属发生了纠纷，试问该如何解决：

［判目］奏新安谷水社旧是苑内地，近被百姓吞并，将作数请收入苑，百姓不伏。

［判词］伊洛瀍涧，八溪九谷之津，少室嵩高，五岳三涂之险。邵公相宅，灼龟墨以定王畿，光武建都，因凤集而成帝业。濯龙芳苑，宝盖成荫，走马交衢，金钱满埒。謻门曲榭，从来别馆之基，寿永安宁，旧是离宫之地。眷兹谷水，俯瞰神州，斜连四会之郊，回控两京之路。都人接轸，桑枣成林，逆旅分区，闾阎扑地。虽其原是苑内，不合辄许人居，四边皆有业恒，百姓若为吞并。天田大小，先有规模，御圃短长，非无制度。文王百里之囿，不以为多，齐宣四十之园，犹嫌太广。利人之与利国，相去几何，施人之与夺人，失之弥远。何惜数顷之地，顿伤百姓之情，如愚所

裁，宜依旧定。[①]

这是一道有关土地所有权归属问题的案例，皇家旧有苑地久弃不用被百姓占用，现想将苑地收回，遭到百姓的拒绝。对于皇家苑地的属性毫无疑问是公有田产，按照唐律的规定，盗耕公私田者，按照亩数的大小，会处以笞三十到徒一年半不等的处罚。张鷟对于皇家苑地的属性也不予否认，他说的“谽门曲榭，从来别馆之基，寿永安宁，旧是离宫之地”之句，正是对皇家苑地公属的肯定。但是，从判词的后半部分来看，张鷟并没有延续唐律对于盗耕公私田产的处罚规定继续论述，而是撇开此条不谈，转而着重论述百姓对此空地的开发利用上，他说：“天田大小，先有规模，御圃短长，非无制度”，意识是在指明皇家苑地的范围大小其实是没有明文规定的，完全由皇帝的个人喜好决定，像周文王有百里之园囿还嫌不够，而齐宣王的“四十之园”就已经觉得很多了，可见，在苑地制度模糊与百姓占地成业的事实面前，张鷟的选择显然倾向于后者。“利人之与利国，相去几何，施人之与夺人，失之弥远。何惜数顷之地，顿伤百姓之情”这句已经很清楚地说明了张鷟的选择结果，自然是支持百姓的，否定了收回旧有苑地的做法。

此判词是在公权益与私权益之间作出利益衡量，最终张鷟的选择结果似乎是出人意料的，其实他是站在了更高的高度来看待这一问题，他认为利民就是利国，牺牲区区几顷土地，换回的是

① （唐）张鷟：《龙筋凤髓判》，田涛、郭成伟校注，中国政法大学出版社 1996 年版，第 87 页。

百姓的安居乐业和对官府的信赖，还有什么比这更重要呢？唐代在借鉴了之前各朝代的更迭轮回之后，儒家的民本思想已经独自地脱离出来，成为了治国方略，君与民的鱼水关系就是对这一认识的最形象比喻。张鷟作为官吏的代表，对此治国方略自然是时刻谨记的。

从该判词的写作技巧来看，为了提升立论的根据，张鷟在此种方法的运用上也是深谙其道的。墨子曾提出过认识问题本质的三种方法，即“三表法”：“言必有三表。何谓三表？有本之者，有原之者，有用之者。于何本之？上本于古者圣王之事。于何原之？下原察百姓耳目之实。于何用之？发以为刑政，观其中国家百姓人民之利。此谓言有三表也。”[①] 此第一表“上本于古者圣王之事”指的是前人的经验，也就是我们通常说的间接经验；第二表“下原察百姓耳目之实”指的是用现在人的感官经验来衡量和认识事物，这是直接经验；第三表“发以为刑政，观其中国家百姓人民之利”讲的是实际效果，也就是看论证的结果是不是对国家人民百姓有利。张鷟也是抓住了墨子第三表的方法，对于苑地的所属问题是在权衡国家和百姓的利益之下，为了地方的稳定和百姓能够安居乐业而作出的一种双赢选择。

（二）漏洞补充的方法

古今中外，对于成文法律存在漏洞的事实从来都是持肯定态度的。俗话说“天网恢恢，疏而不漏”，将成文法典比喻称天网，恰好映射了我国古代对于成文法典存在漏洞这一事实的认可，也表明了如何应对漏洞的态度。即便是在“网密于凝脂”的秦代，

① 《墨子·非命上》。

法典仍然不是万能的，面对某些个案仍然存在法无明文规定的情况。既然法成“网状”，就会存在或大或小的网眼，有些网眼的存在是成文法自身的滞后性特征所决定的，对于新兴的事件具有不可预见性，有些“网眼”则是基于立法技术上的考量，对于特殊个案给予一定的弹性空间。但是，对于这些“网眼”古人给出的态度是，可疏但不能漏。面对某些特殊案件，法官不能因为成文法中无具体规定而拒绝受理，这一点古今中外皆然。

例如，在《唐文明判集残卷》中记载了一件复婚案件：

> ［判目］高头、阿龙，久谐琴瑟。昨因贫病，遂阻参商。
>
> ［判词］龙游荡子之家，忽悲鸾而独舞；头寄隅之徼，恒鹜鹊以空栖。事非出于两情，运以征于只意。无夫之媛，不可空掷春宵；阙妻之男，实是难穹秋夜。远念和鸣之绪，近询众寡之由。头缘凉病顿身，龙遂猖狂自困。不能拘制，唯恐孤危。倚官岂敢致尤，抑众夺薄。生人之妇，昔时尚被夺将；死鬼之妻，今日何须不理。况有一女，见在掌中。既日分肠，诚悲眼下。合之，则两人全爱；离之，则一子无依。见子足可如初，怜妻岂殊于旧。何劳采药自遇，下山已属稾砧。任从再合，于理无妨。以状牒知，任为公验。①

这是一件同意高头与阿龙复婚的判词。依循唐代律令，对于婚姻的缔结有着繁密而严苛的规定，如在唐律中，关于嫁娶的法

① 杨一凡主编：《中国珍稀法律典籍集成》甲编，第三册，《文明判集残卷》，科学出版社 1994 年版，第 273 页。

条就有 21 条之多，但是关于复婚的法律规定却难觅踪迹。而该判词就是在没有明确法律规定的情况下，依据情、理来作出处理的。制判者认为高头与阿龙早先是因为穷病无奈之下选择离婚，但离婚之后双方都伤心痛苦到寸断肝肠，有意复合。何况两人有一女儿，更是让人挂念难以割舍。所以，制判者认为“合之，则两人全爱；离之，则一子无依。见子足可如初，怜妻岂殊于旧”。

该判词的特殊之处还不仅在于此，而是在判词的最后一句“以状牒知，任为公验”。也就是说该判词不仅是给出复婚的处理意见，而且该判文还是高头和阿龙复婚的公验凭证，这在唐律中是没有载录的。

法律漏洞的补充方法与前面所论述过的比附援引的当然解释有些许的相似之处。两者的最大共同点就在于不能直接援引成文法典，但当然解释的方法还可以从相关的成文法典中，通过举轻重明重轻的方法来找到适用于个案的法条，但对于法律有漏洞的案件而言，就是在目前的法律条文中没有相关事物的规定，所以往往要运用情理等说理的方法来给出处理意见。法律漏洞之补充与维理解释的方法也存在交集，都是善于运用情理的说理方式来得出处理意见，但维理解释的方法并不是没有成文的法律规定，而是制判者更注重用说理的方式来解构该法条，最后得出的判决结果很可能并不适用所找出的“原法条”，但法律漏洞的补充是没有法条可以援引的。

综上所述，从隋唐开始兴起的科举考试式的选人制度，形成了从文人到法官的角色转换。在此转换过程中，不仅包括身份上的转换，而且也要求有智识上的转换，这就要求司法官吏既要迅速增加自身的法律知识，又要磨炼自己的断案技巧。只是苦于中国古代缺乏职业法学家阶层，类似于西方式的纯粹抽象而理性的理论法学和方法性的法理论在古代中国法官群体中是不可想象的。所以，只能在模拟的司法场景下，通过“题海战术”式的训练，来纯熟断案的法律技巧。其实这与西方理性主义者所提出的知识两分法不谋而合，西方理性主义者认为知识可以分为两种，即技术的知识与实践的知识或传统的知识。前者可以通过学习规则、公式、条例或其他书本的东西掌握，而后者则是类似于亚里士多德的“睿智”或波兰尼的“默会之知”，只能通过长期的实践达到心领神会。而中国古代的司法官吏，正是通过这样一种“实践”的方法来增加自己的经验，而这种经验恰恰也就具有了“只可意会，不可言传”的效果。

但也不乏少数人愿意将这种只可意会的经验转化为言传的形式，白居易就是代表之一。他曾专门论述了刑、礼、道之间的承用关系，他认为“刑行而后礼立，礼立而后道生”，也就是说为了达到“道生”这一终极目标，首先应该行刑，然后再立礼。而对于三者之间的微妙关系，白居易则认为是“始则失道而后礼，中则失礼而后刑，终则修刑以复礼，修礼以复道。故曰：刑者，礼之门；礼者，道之根。知其门，守其根，则王化成矣”。除此之外，刑、礼、道三者各有自己的弱点，“夫刑者，可以禁人之恶，不能防人之情；礼者，可以防人之情，不能率人之性；道者，可以率人之性，又不能禁人之恶”。如何规避三者的弱点，而将三者的长处发挥到极致呢？白居易认为应该是刑、礼、道迭相为用，“顺刑礼之后先，当其惩恶抑淫，致人于劝惧，莫先于刑。铲邪窒欲，致人于耻格，莫尚于礼。反和复朴，致人于敦厚，莫大于道”。[①]

可见，白居易所讲的刑、礼、道迭相为用的方法，其实也是我们今天所看到的对于案件中对法律解释所运用的各种方法：对于有法律明文规定的刑事或行政类案件，往往是将“行刑”放在优先的适用地位，而对于民事类的案件，制判者往往善于用“立礼（理）”的方法来解决问题，最终所要达到的目的不仅限于个案的解决，更是为了淳化民风，教化于人，所追求的是“道生”这一完美目标。

① 该段所引用的具体内容可参见《白居易集》卷第五十四全文。

第四章　唐判中对案件事实的推理方法

法律发现是“一种不断交互作用，一种目光往返于大前提与案件事实之间的过程”。[①] 法律发现不仅指对律法的发现，还包括对案件事实的推理。案件事实并不是案件发生时的全部事实，它是一种法律事实。案件事实是一个既成的不可回溯的事实，是法官通过证据、证人证言、勘验笔录等一系列与案件相关的材料以推理的方式使案件回放。所谓推理其实就是一组命题序列，根据某些规则，其中一些命题能由另一些已经确定的命题得到断定。那些自身已经确定，而又作为根据断定其他命题的命题是推理的前提，而有待确定的命题是推理的结论。[②] 在法律的实践活动中，涉及法律推理的方法有很多，如演绎推理、归纳推理、类比推理等。在现代法律实践中，尤其以西方法律推理方法为代表，最常见的是三段论式的推理形式。但在中国古代则不然，恰

① ［德］考夫曼：《法律哲学》，刘幸义等译，法律出版社 2004 年版，第 121 页。

② 陈金钊主编：《法律方法论》中国政法大学出版社 2007 年版，第 341 页。

恰三段论式的推理形式并不盛行。

如何使案件事实与法律事实尽可能地接近，这就有赖于案件中的证据、证人证言、勘验笔录等一系列证据材料的真实度。由于唐代拟制判词自身的特殊性，对于案件的证据材料一般都视为真实可靠，忽略了对它的考证，仅有个别案例指明证据不足，需要详细勘定后再做决断。故而，对于唐判中的事实推理就不能用传统的方式进行考察，对唐判中法律事实部分的研究，更多的是集中在制判者是如何运用既得的案情和证据来推导出对法律事实的认定这一问题上。本人从中国古代人的思维特点入手，从宏观的视角对唐判中的推理方法进行归类，最终认为在拟制判决的境遇下，制判者对法律事实的推理擅长使用的是类发现的方法。

一 中国古代思维的特点

推理是人类理性思维的基本方法和形式之一，从思维类型的理性化程度的高低来考察，法律事实认定的思维类型大致可以划分为原始思维、经验思维、逻辑思维三种类型。原始思维是古代民族认定事实共有的特点，该种思维注重神秘原因在事实认定中的作用，例如，人类社会早期事实认定的主要方式表现为神判，神判是各民族原始时代所通用的一种审判方法，一般认为，神判是审判制度发展的早期阶段。经验思维以传统中国司法实践为代表，是一种主客体不分、重经验轻逻辑的整体思维。逻辑思维奠基于概念，以认识主体与客体的主客二分法为前提，在因果关系的认定方面既强调必然性，又承认盖然性。从历史逻辑发展来看，从原始思维、经验思维到逻辑思维，大致呈现出了线性逻辑的历史发展轨迹，其理性化程度不断加强。

经验思维可以说是中国司法史上认定事实思维的总体特征，其特点主要为：

第一，整体思维。任何个人的思维虽然必然具有个体性，但是，任何个体的思维特点又都受到他所生存的社会总体思维特点的影响。中国传统的思维总体趋向是求同排异的思维、追求折中融合。中国人的思维特性在于，重性情轻理性。重性情轻理性的性格特征表现在认识论上便是主客体交融不分，对事物重意向描摹，轻理性分析。这种思维忽视了主客体的对立以及概念系统的逻辑化与体系化，突出了主体价值活动而不是认识主体对于认识客体的定向把握，总体是主客体交融和主客体渗透的思维模式。

第二，重经验轻逻辑。中国古代法官对于法律事实认定呈现出的另一特点就是"经验思维"。表现在事实认定方面就是，大量地运用比喻来说明道理，呈现出经验主义与感觉主义的总体特性。在处理主客体认知关系尤其是在认识事物时，缺乏实证分析，对中国人来说，由综合、体悟和经验而得到的可意会而不可言传的情理才是评价逻辑是否正确的基础。这种经验思维按照波斯纳的说法就是一种"实践推理"。不过实践理性并非是一种单一的分析方法，所以波斯纳把它形容为一个杂货箱。这个杂货箱里面包括了"掌故、内省、想象、常识、设身处地、动机考察、言说者的权威、隐喻、类推、先例、习惯、记忆、经历、直觉以及归纳"等。[①] 总体来看，这种实践理性注重实践、直觉和经

① 波斯纳：《法理学问题》，苏力译，中国政法大学出版社 2002 年版，第 95—96 页。

验。当然，这不是说古代社会法官认定事实完全不靠逻辑思维，而是说把直觉作为认识事物的主要思维方式。这种思维从总体上来说，重经验而不重理论，重实用而不重推理。这种实践理性不属于“思辨理性”，不是建立在概念论逻辑推演基础上的“知识”，不以形成概念化、公理化、形式化的理论为目标，而以解决个案事实认定为唯一依归。

第三，事实认定方法的个体性、差异性与非普适性。正如梁漱溟所言，在中国传统的思维方式下，我们虽然也会打铁、炼钢、建筑房子、桥梁等，但是我们的制作过程靠的主要是工匠心心相授的“手艺”，而西方人则把这些零碎的经验和片断的知识经营成学问，变成“科学”。所以两种思维方式相比较，实际上是手艺（艺术）与科学的差别。如西医对同样的病开出的药方，无大的出入，而在中医中，十个医生有十个不同的药方并且可以悬殊，可见中医治病的标准是主观的而非客观的。再如东方阴阳五行生克学说中的阴阳思想，是科学与巫术相混合的体系，因为五行在最本原上指的是物质，但是五行说强调神秘感应，所以又具有神秘巫术色彩。[①]

中国传统的经验思维虽然注重经验，但是这种注重经验的思维却不同于休谟讲的经验归纳，而是强调个体获得真知须借助于个体经验。如某些超凡的审判人员运用的一些其他人无法预料的情理技巧等，主要是依据自己对于社会的洞察力进行判断。这些超凡的个体经验虽然充满着司法智慧，但是，智慧必然只能是个人性的，必然缺乏制度化的可能。种种智慧的取得与个人独特的

① 冯友兰：《中国哲学简史》，新世界出版社 2004 年版，第 116—123 页。

生活经验与个人特质密不可分。

西方文明属于科学成就，而东方文明则属于艺术成就。科学追求的是公理，而艺术则追求神秘。西方人追求公认的知识、因果必至的道理，而东方具有猜想直观的特点，属于玄学，求得的只是个人意见。[①]

第四，实用理性。在中国古代的逻辑史上，对逻辑学的理论和学说的研究，先秦时期的墨家、名家等学派都有过精彩的论述。比如，名家代表公孙龙提出的“白马非马”命题，实质上包含了一种朴素的概念归类的逻辑关系。但逻辑学的发展中途却夭折了，官方统治学说的儒家理论对精通法律逻辑的邓析、公孙龙等人嗤之以鼻，称他们是巧言令色之徒，为社会的害群之马。官方统治学说对逻辑学的压制和批判是导致中国古代逻辑学“只是萌了个芽，没能开花结果”[②] 的一个原因，而实质原因是源于古代中国特定社会结构下的实用主义思维方式。李泽厚曾经这样评论过：“血缘宗法是中国传统文化心理结构的现实历史基础，而‘实用理性’则是这一文化心理结构的主要特征。所谓‘实用理性’就是它关注于现实社会生活，不作纯粹抽象的思维，也不让非理性的情欲纵横，事实强调‘实用’、‘实际’和‘实行’，满足于解决问题的经验论的思维水平，主张以理节情的行为模式，对人生世事采取一种既乐观进取又清醒冷静的生活态度。”正是这种在社会生活中讲求实用的思维方式，扼杀了逻辑学在中国古代的成熟和进一步发展。

---

① 梁漱溟：《东西文化及其哲学》，商务印书馆 1999 年版，第 125 页。

② 贺卫方：《中国古代司法判决的风格和精神》，载《司法的理念与制度》，中国政法大学出版社 1998 年版，第 210—211 页。

二　中国古代推理的主要方法

从以上论述中，我们知道中国古代人擅长经验思维，那么这里所说的经验思维中的“经验”我们当如何理解？《辞海》中对经验的解释是：“从已发生的事件中获取的知识。”也就是说，作为经验思维的一个重要前提就是要有对过去发生的相关或相似甚至是相反的事件有所积累。而古代人似乎是善于对历史上发生的各种事件进行记录和归类整理。比如，古代人喜于用“鉴”字[①]来拟作书名，这都是经验思维的产物。

这种类比推理的方式在法律领域也是惯常使用的。例如，在《唐律疏议·名例律》“十恶”之“谋反”的解释中就引用了《春秋公羊传》中“君亲无将，将而受诛”的典故，以及《左传》中“天反时为灾，人反德为乱”来阐明谋反的性质和危害的后果，并以《礼运》中的“礼者君之柄，所以别嫌明微，考制度，别仁义”来论证“大不敬”的违礼性。虽然这些引用的内容并不能直接推导出定罪量刑的法律后果，但它们却与立法的原意和精神有着相关关系，能够让使用法典者通晓立法的意图。

此外，从类比推理的推理方法中，还衍生出来一个分支，就是譬喻的推理方式。古代人除了善于借鉴先例论事外，还喜好用比喻的方式来说理，这一点恰好印证了梁漱溟所说的“东方文明属于艺术成就”的观点。类比推理是根据两个或两类对象有部分

① “鉴”本来为盛水的大容器，《广雅》中将其与“镜”同义，寄寓意于把别的人或事当镜子，对照自己，以便吸取经验或教训。例如，我们所熟悉的启蒙书籍《五字鉴》、司马光编写的编年体史书《资治通鉴》、范祖禹为了警示宋朝皇帝而撰写的《唐鉴》、郑克将不同的案情分门别类而著《折狱龟鉴》。

属性相同，从而推出它们的其他属性也相同的推理。而譬喻的推理方式，简单而言，就是“借彼喻此”，是运用想象力和联想力，以具体而熟悉的物象事例，比方说明或形容描写抽象的谈话主题。譬喻一般由“喻体”、“喻词”和“喻依”搭配组成。“喻体”即所要记叙、说明的主体；“喻依”是与喻体具有共同类似特点的另一事物，被用来说明、形容喻体；“喻词”则是“如，像，好比，似，犹如”之类的连接语词。比如，我们大家熟知的“燕雀安知鸿鹄之志哉”就是以燕雀和鸿鹄飞翔能力的高低为对比，作为喻依，来说明人的志向的远大这一喻体，而“安知”就是作为连接词语的喻词。在中国古代的法律推理方法中，譬喻的推理方式也占有相当的比重。

进一步而言，我国古代的法律推理方式不仅仅体现在立法上，在司法实践中也有很好发体现。接下来我们将从唐判中寻找古代法律推理的主要方法。当然，除了类比推理和譬喻的推理方式外，在个案的说理过程中，拟判者也不乏使用归纳、演绎等其他推理方式，即使是古代不擅长使用的形式逻辑推理方式，在一些个案中也有很好的体现。

三 唐判中的类比推理方法

虽然古代正统思想的代表儒家是排斥邓析、公孙龙等学派的善辩的逻辑学说的，荀子更是评论道：“不法先王，不事礼义，而好治怪说，玩奇词。”① 但就儒家学说自身来看，也不乏对推理方法的阐述。众所周知，孔子是我国古代最伟大的教育家和思

① 王先谦：《荀子集解》卷三，沈啸寰、王星贤点校，中华书局1988年版，第93页。

想家，在他传授知识和思想的过程中，就很重视运用推理的方法。例如，我们所熟知的“温故而知新”的著名论断，“告诸往而知来者”的理论思想，都在传递着一种“推而知之”的说理方法，即教人以过去的事情，来推知后来之事。这种问一知二的思想明确揭示了由已知到未知的推理过程和推理作用。后世明贤对于类推的思想有较大的继承和发展，例如《吕氏春秋》中提出了“同类相召，气同则合，声比则应”的类推方法；《淮南子》中阐明的“以小明大”、“以近论远”的类推思想；王充、王符、徐干、嵇康等人也都相继提出了自己的类推理论。[①] 在唐判中，制判者也巧妙地运用了各种类推说理的方法，现将各种类推方法进行分类，并详细论述如下：

（一）典型事例归纳法

1. 借古评今

借古评今，顾名思义就是以过去发生的典型事例为论据，对所要裁判之事作出评价。就目前本人所掌握的唐判资料来看，《龙筋凤髓判》的作者张鷟更加善于用此种方法。

例如，《龙筋凤髓判》卷一，御史台二条之二：

［判目］御史严宣前任洪洞县尉日，被长史田顺鞭之，

① 王充对论证提出了逻辑要求，即“引校验”与“立证验”的逻辑要求；“论贵是”与“事尚然”的逻辑要求；“言可晓”与“指可睹”的逻辑要求，并进一步提出了“引事物以验其行”的归纳论证方法。王符则注重对譬喻类推法的研究，他认为譬喻还可以进一步分为类同和类异的譬喻方法。徐干认为欲求服人必须“循理而论”，要充分的说明理由以求得问题的解决，使人心服而不仅仅是口服。而嵇康则提出了类似于形式逻辑的“以甲为度校乙”的类推关系。以上具体内容可参见周云之主编的《中国逻辑史》诸章，山西教育出版社 2004 年版。

宣为御史，弹顺受赃二百贯，勘当是实，顺诉宣挟私弹事，勘问宣挟私有实，顺受赃不虚。

[判词] 田顺题与晋望，让佩汾阳，作贰分城，参荣半刺。性非卓茂，酷甚常林，鞭甯戚以振威，辱何夔而逞志。严宣昔为县尉，雌伏乔元之班；今践宪司，雄飞杜林之位。祁奚荐举，不避亲仇，鲍永绳愆，宁论贵贱。许杨大辟，讵顾微嫌，振白鹭之清尘，纠黄鱼之浊政。贪残有核，赃罪非虚，此乃为国除凶，岂是挟私弹事。二百锻坐，法有常科，三千狱条，刑兹罔赦。[①]

这是一件御史严宣有公报私仇嫌疑的案件。张鷟在判词中，首先借用晋王承放犯夜学子归家的故事[②]和曹魏时的何夔常怀揣毒药，防加杖受辱的故事[③]来影射田顺在长史之位上耀武扬威的做法的不对；接下来，张鷟在论述严宣从卑微县尉荣升为御史之职位而导致职权变化的时候，相继引用了祁奚举贤[④]

① （唐）张鷟：《龙筋凤髓判》，田涛、郭成伟校注，中国政法大学出版社 1996 年版，第 13 页。

② 据《续晋杨秋》载："晋王承为东海吏，録一犯夜人，云从师读书不觉日暮，承曰：'鞭挞甯戚以振威名，非政理之本，送令归家。'"转引自田涛、郭成伟校注的《龙筋凤髓判》校注部分，中国政法大学出版社 1996 年版，第 14 页。

③ 据《三国志·魏志》载："太祖性严，缘属公事往往加杖，何夔常蓄毒药，誓死无辱，是以终不见及。"转引自田涛、郭成伟校注的《龙筋凤髓判》校注部分，中国政法大学出版社 1996 年版，第 14 页。

④ 晋大夫祁奚请老，晋君问曰："孰可使嗣？"祁奚对曰："解狐可。"君曰："非子之仇耶？"对曰："君问可，非问仇也。"晋遂举解狐。后又问："孰可以为国尉？"祁奚对曰："午也可。"君曰："非子之子耶？"对曰："君问可，非问子也。"君子谓祁奚能举善矣。称其仇，不为谄；立其子，不为比。举其偏，不为党。《书》曰："不偏不党，王道荡荡。"祁奚之谓也，外举不避仇雠，内举不回亲戚，可谓至公矣。唯善故能举其类。《诗》曰："唯其有之，是以似之。"祁奚有焉。引自《新序·杂事》。

和鲍永绳愆[①]这两个典型事例。晋国贤者祁奚站在客观公正的立场上，举荐仇人接替自己，在晋悼公问谁可以做国尉时，他又举荐自己的儿子。而东汉时候的鲍永，他曾被刘秀征用，任为谏议大夫，始终以忠直正言而著称，遭到豪门贵戚的忌恨。张鷟引用这两个故事，意在说明御史职权之核心——客观公正。既然田顺受赃是事实，那么作为御史就应该秉公办事，也就不存在严宣公报私仇之说。所以，张鷟最后说："贫残有核，赃罪非虚，此乃为国除凶，岂是挟私弹事。"田顺自然是要受到法律科罪的。

在这个判词的写作中，张鷟分别用了两反两正四个典型事例，作为其论据。而在有些判词中，作者更倾向于使用反例来作为论据。这样的说理似乎显得更加充分。

例如，公主二条之二：

［判目］山阳公主为子求内官，亲得侍卫。

［判词］山阳分辉若木，派浪咸池，七襄之驾既严，万金之礼斯盛。张敖动旧，竊汤沐之微滋，窦固名宗，沾脂粉之余润。但任人以器，有国之大经，官不私亲，前王之令范。拜官床下，时闻丞相之男，乞卫宫中，惟允左师之息。燕王之请身入侍，竟不从依，馆陶之为子求郎，终无允许。若有言有行，胡越可以正除，无德无功，昆

① 鲍永，字君长。生年不详，卒于后汉光武帝建武十八年（42 年），上党屯留（今山西长治市屯留县）人。他活动于西汉末年与东汉初年，曾为绿林军的重要将领。刘秀即皇帝位后，他又成为东汉初期敢于抗击强梁的地方官。http：//baike. baidu. com/view/593988. htm? fr＝ala0 _ 1 _ 1.

弟岂容滥及。宜铨其器识，察其廉能，待得实才，方可详择。[1]

这是一件“走后门”的案例。山阳公主想借自己的权势，为自己的儿子谋得一官。张鷟在判词中，以“任人以器，有国之大经，官不私亲，前王之令范”为论点，而为了说理更加充分，在这道判词中，张鷟一共引用了六了典型事例，分别是：

张敖动旧。张敖为西汉初人，张耳之子。秦末随父参加陈胜、吴广起义，曾封成都君。高祖路过赵国时，赵王执子婿礼甚恭，反遭刘邦辱骂。赵相贯高等以此谋刺高祖，未遂。次年事发，张敖被牵连入狱。后因贯高极力辩白，得赦，张敖被释放不久，娶鲁元公主，后被封为宣平侯。[2]

窦固名宗。窦固为东汉大将，窦融之侄。窦固年少时因娶公主而被任命为黄门侍郎。窦固好读书，喜兵法，贵显后用事。后汉书曾对窦固有过点评：“固久历大位，甚见尊贵，赏赐租禄，赀累巨亿，而性谦俭，爱人好施，士以此称之。”[3]

拜官床下。张禹幼年时喜欢卜相，久之，颇晓其分蓍布封之意，并能说明之。壮年，至长安从沛郡施雠学《易》，从琅琊王阳，胶东庸生问《论语》。既皆明习，有徒众，举为郡文学。甘露中，试为博士。鸿嘉元年致仕还乡，虽居家仍参与国家大政的制定和实施。据《汉书》载：“张禹成帝朝丞相有疾，帝自临问

① （唐）张鷟：《龙筋凤髓判》，田涛、郭成伟校注，中国政法大学出版社 1996 年版，第 10 页。

② 《汉书·张敖传》。

③ 《后汉书·窦固列传》。

之。禹有少子在侧，帝即禹床下，拜为黄门郎。”[①]

触龙说赵太后。触龙在劝赵太后用长安君做人质来换取齐国支援的时候，触龙也曾为子求官，他说：“老臣的贱子舒祺年岁最小，不成器得很，而我已经衰老了，希望他能充当一名卫士，来保卫王宫。我特冒死来向您禀告。”赵太后答应了触龙的请求。[②]

此外，又据《汉书》和《后汉书》分别记载了燕剌王刘旦为己求官和馆陶公主为子求官的故事。[③]

---

① 转引自田涛、郭成伟校注的《龙筋凤髓判》注释部分，中国政法大学出版社1996年版，第11页。

② 现将触龙说赵太后的原文摘录如下：赵太后新用事，秦急攻之。赵氏求救于齐，齐曰：“必以长安君为质，兵乃出。”太后不肯，大臣强谏。太后明谓左右：“有复言令长安君为质者，老妇必唾其面。”左师触龙愿见太后，太后盛气而揖之。入而徐趋，至而自谢，曰：“老臣病足，曾不能疾走，不得见久矣，窃自恕，而恐太后玉体之有所郄也，故愿望见太后。”太后曰：“老妇恃辇而行。”曰：“日食饮得无衰乎？”曰：“恃鬻耳。”曰：“老臣今者殊不欲食，乃自强步，日三四里，少益嗜食，和于身。”太后曰：“老妇不能。”太后之色稍解。左师公曰：“老臣贱息舒祺，最少，不肖；而臣衰，窃爱怜之。愿令得补黑衣之数，以卫王宫。没死以闻。”太后曰：“敬诺。年几何矣？”对曰：“十五岁矣。虽少，愿及未填沟壑而托之。”太后曰：“丈夫亦爱怜其少子乎？”对曰：“甚于妇人。”太后笑曰：“妇人异甚。”对曰：“老臣窃以为媪之爱燕后，贤于长安君。”曰：“君过矣！不若长安君之甚。”左师公曰：“父母之爱子，则为之计深远。媪之送燕后也，持其踵，为之泣，念悲其远也，亦哀之矣。已行，非弗思也，祭祀必祝之，祝曰：‘必勿使反。’岂非计久长，有子孙相继为王也哉？”太后曰：“然。”左师公曰：“今三世以前，至于赵之为赵，赵主之子孙侯者，其继有在者乎？”曰：“无有。”曰：“微独赵，诸侯有在者乎？”曰：“老妇不闻也。”“此其近者祸及身，远者及其子孙。岂人主之子孙则必不善哉？位尊而无功，奉厚而无劳，而挟重器多也。今媪尊长安君之位，而封之以膏腴之地，多予之重器，而不及今令有功于国，一旦山陵崩，长安君何以自托于赵？老臣以媪为长安君计短也，故以为其爱不若燕后。”太后曰：“诺，恣君之所使之。”于是为长安君约车百乘，质于齐，齐兵乃出。子义闻之，曰：“人主之子也，骨肉之亲也，犹不能恃无功之尊，无劳之奉，而守金玉之重也，况人臣乎！”《战国策·赵策·触龙说赵太后》。

③ 《汉书》记载：“燕剌王旦，武帝第三子也。卫太子败，上书求儒侍，帝怒，下其使狱，由是恶旦。”又《后汉书》上还记载了馆陶公主为子求官的故事。“馆陶公主为子求郎，明帝不许，曰：‘郎官尚应列宿，是以难之’。”转引自田涛、郭成伟校注的《龙筋凤髓判》注释部分，中国政法大学出版社1996年版，第11页。

从以上六个故事我们可以看出，张敖能封为宣平侯与娶鲁元公主并不是直接的关系，而是张敖本人为人正直，深得汉高祖的信任和喜欢，所以才得宣平侯；窦固更是如此，从后汉书对他的评价上就可知，窦固虽身居高位，家资显贵，为人却谦卑简朴，且乐善好施，所以他自己的才学和人品才是得黄门侍郎的关键，而与娶涅杨公主的关系反而不大；张禹贵为丞相，但始终也没有保举过自己的儿子，汉成帝在张禹的病榻前，才见过张禹的儿子，给了他黄门侍郎一官；触龙为子求官是虚，其实是想借用父子、母子之间的关系来告诉赵太后君与国家的关系，所以为求得齐国的支援才是实；而燕刺王刘旦在戾太子刘据死后，上书请求入京师，欲立自己为太子，被汉武帝削三县；张鷟最后用馆陶公主为子求官的故事更加清楚地阐明自己的观点。这六个故事中的主人公虽然都跟“权势”相关联，但并不是因为“权势”而得官，反而像刘旦恰是因皇子的身份而失去了一切。这些典型事例正是张鷟所表达的“若有言有行，胡越可以正除，无德无功，昆弟岂容滥及”的最有力证据。

2. 以甲为度校乙

曹魏时的嵇康曾经提出过一个“以甲为度校乙”的推理关系的例子。嵇康指出：“若神心独语，暗语而当，非理之所得也。虽日听蹄，无取验于儿声矣。”[①] 嵇康认为羊舌母尝听儿啼哭之声为恶，今之啼哭声似昔日之啼声，故用甲声为度，以校乙之啼声，来推知“今啼当恶也”。这个推理过程是：

① 戴明杨：《嵇康集校注》，人民文学出版社1962年版，第33页。

由已知“度”：尝闻甲声为恶

和乙声似甲声

推出结论“校知”：乙声为恶。

这里的“度”是标准，是类似于形式逻辑中的大前提，只是这里的“度”是用归纳列举的方法得出的；而“校”是检验所得出的结论，连接两者之间的小前提就是“似甲声”，这里的“似”具有一定的或然性。也可能是“不及”。在唐判中，制判者也擅于用这种推理的方法来进行说理。

例如《龙筋凤髓判》卷二，水衡监二条之二：

［判目］水工郑国状请决汉水直山，凿山通道，至伊水入洛，须夫五百，乃运江淮租极便。

［判词］水曰润下，火曰炎上，顺性则易从，违方则难理。秖如汉江以北，伊瀍之南，岩嶂嶕崒，以造天岗，嶝峥嵘而括地，层峰切汉，飞鸟迷林，绝壑穷幽，奔豹失路。探深泉之月兔罕有其功，捉高标之日乌未闻其可。后稷之播殖九谷，不能使苗稼冬生，夏禹之引决百川，不能使江河西注。郑国才非识古，智未超今，乏袁敏之多能，谢郦长之博览，进不量力，退不省躬，逆地势而开山，绝天真以决水。区区浅见，辄与造化争功，琐琐庸情，拟共阴阳竞气。衔枚塞海，为蠢已深，捧土填河，在愚弥甚。妄为劳役，虚费人功，既贪妄上之条，合处欺天之罪。审问情状，方可论科。[1]

---

[1] （唐）张鷟：《龙筋凤髓判》，田涛、郭成伟校注，中国政法大学出版社 1996 年版，第 81 页。

这是一道对水工郑国欲改造河道的判词。张鷟在说理的过程中，先后以后稷、夏禹为“度”，来与水工郑国欲行的做法进行比较。后稷是周族的始祖，善于种植各种粮食作物，曾在尧舜时代当农官，教民耕种，被认为是开始种稷和麦的人。而夏禹更是众所周知的治水英雄，他是我国传说时代与尧、舜齐名的贤圣帝王。张鷟以两个圣贤的事迹作为大前提，认为像后稷这样具有神性的人，也不可能让麦苗在冬天里存活，像夏禹这样能打败滔天洪水的英雄，也不可能逆转江河东入大海的事实，而水工郑国不论是在才学上，还是智能上都没有突出之处，更远不及先贤。与这两个圣贤的能力相比，他又怎么可能“逆地势而开山，绝天真以决水”呢？张鷟所得出的结论也就可想而知了。

张鷟在这里所引用的用来作为标准的“度”，是复数形式的。是通过选取两个相似的人物事件来作为大前提。这样的类推方法可以说是对嵇康的“以甲为度校乙”推理关系的实践和发展。

3. 以小知大

还有一种类推的方式，是从事物的某一个方面而推知整个事物，或者由一小的事件而推出大的、更重要的事件。

例如，《龙筋凤髓判》卷一，户部一条：

［判目］户部侍郎韦珍奏称：诸州造籍脱漏丁口，租调破除倍多常岁，请取由付法依问。诸使皆言春疾疫死实多，非故为疏漏。

［判词］虞书五教，实委司徒之官，周礼六卿，爰开地官之位。莫不织成都邑，编辑甿黎，设九土之网维，成四方之管辖。班固申犬牙之制，疆埸绮分，应璩应马齿之规，井

田鳞次。户标九等，俱陈万国之图，人有十伦，并挂三年之籍。岂容丁口脱漏，任意疏遗，租调破除，恣情抽减。遂使廒庾顿乏，帑藏皆空，军兴于是缺支，国用由其不足。付法科罪，仍敢薄言，依问款词，咸推遘厉。否终则泰，造化之常图，福谦害盈，幽明之极数。魏文帝修书永叹，念亲故之凋亡，刘孔才矫制征兵，促黎元之残丧。荐臻不息，僵毙相仍，遽离人符，多编鬼录。生者固宜存附，死者难以执留。灾疫不拘，案宜从记。①

这是一起缘于人口脱漏而导致税收减少的案例。作者张鷟仍然开篇借用《尚书舜典》和《周礼》中的记载来表明地官的重要性。对土地进行划分管理，对人口进行划等登记，都是州县地方官最基本的职责。但张鷟并没有只停留在对人口脱漏，税收减少这一点上进行论述，而是由这一件事继续推衍出可能产生的更加严重的后果，张鷟认为对人口管理的疏忽会直接破坏税收的征缴，而税收的波动会直接导致国家粮库的粮食储备量的下降，国库财力的降低，会导致军事武装和工程兴造上的停滞，最后导致的后果就是国力的下降。所以，诸州县的失职已经远远不是脱漏人口，税收减少这么简单的事情了，自然要付法科罪。

（二）引辟援类

比喻的方法，很早就从理论上受到人们的重视。《周礼·先

① （唐）张鷟：《龙筋凤髓判》，田涛、郭成伟校注，中国政法大学出版社1996年版，第38页。

郑注》说："比者，比方于物也。"《墨子·小取》说"辟也者，举物而以明之也。侔也者，比辞而俱行也。"这里说的辟，就是比喻，"也"即他，"侔"，即比较。"辟"就是用人们已经知道和认识的事物来喻人们不知道或不认识的事物，从而使人们知道和认识原来不知道或不认识的事物。而已知道或已认识的事物与不知道或不认识的事物之间并没有直接的关系，但是构成比喻的本体和喻体之间必须有相似点。在唐判中，大量使用譬喻的方式来说理的例子也是不胜枚举的，现将其中比较典型的判词拿来作分析。

例如，《龙筋凤髓判》卷一，尚书都省二条之二：

> [判目] 令史王隆每受路州文书，皆纳贿钱，被御史弹，付法，计赃十五疋，断绞，不伏。
>
> [判词] 王隆忝沾趋吏，幸列胥徒，禄虽给于斗储，官未阶于尺木。鸡卵之馔，虽避嫌疑，鹅目之钱，若为窥觇。每受一状，皆取百文，未申疵面之功，翻起黑头之患。猎青蚨之小利，触骢马之威严。因事受财，实非通理，枉法科罪，颇涉深文，宜据六赃，式明三典。[①]

这道判词中，张鷟用了大量的比喻，旨在讽刺令史王隆收受贿赂的恶劣行为。"尺木"是传说中龙头上的一物，如山峦状，龙若没有尺木自不能升天。张鷟说王隆官未阶于尺木，就是用比

① （唐）张鷟：《龙筋凤髓判》，田涛、郭成伟校注，中国政法大学出版社 1996 年版，第 18 页。

喻的方式来说明，王隆虽供职于尚书都省，但也只是个属官，职位低微，但在尚书都省，令史的责任又很重。张鷟认为，正是王隆没有正确认识到自己职位的神圣性和重要性，为他最后的可卑命运埋下了隐患。

鸡卵之馔、鹅目之钱都指小恩小惠，与后文的"猎青蚨之小利，触骢马之威严"相联系，以此来比喻王隆因为小恩小惠而触动了尚书省的威严，也败坏了令史之职的名节，所以，对王隆的判决自然不能轻慢。最后，张鷟也作出了"因事受财，实非通理，枉法科罪，颇涉深文，宜据六赃，式明三典"的判决。

再如，《龙筋凤髓判》卷一，吏部二条之一：

［判目］吏部侍郎山巨源奏称：选人极多，缺员全少等邑之色，书判不公，词学优长选号复少，望请判事鉴镂，词理酸寒者，虽有等级十选并放。

［判词］……宏词硕学，不绩公劳，浅见狭闻，多求等级。只如视肉之辈，篌瑟莫分，走骨之徒，狐狸讵辨。食梅衣葛，无以暴其寒酸，咀梨餐茶，不足方其辛苦。鸷鸟累百，不如一鹗之雄，羊皮数千，不如一狐之腋。镂冰之子，万众不可滥收，画饼之夫，百选犹其堪总。自然私谒之门塞，公平之路开，长闻振鹭之飞，无复促牛之谤。[①]

① （唐）张鷟：《龙筋凤髓判》，田涛、郭成伟校注，中国政法大学出版社 1996 年版，第 20 页。

张鷟仍然在判词的开始，从吏部的渊源说起，阐述了吏部的职能之重。而不论是博学之士还是浅见狭闻之类，都想通过吏部的铨选，得到一官半职。张鷟认为人的能力是不同的，从而导致学习成果有高有低，此处是用比喻的方式展开的论述。根据《法苑珠林·堕慢篇》载："庄子曰：'人而不学，谓之视肉，学而不行，谓之撮囊。'"又据桓谭《新论》载："鄙人谓狐为狸，以瑟为箜篌，非徒不知狐与瑟，乃不知狸与箜篌也。"① 用"食梅衣葛，无以暴其寒酸，咀梨餐荼，不足方其辛苦"来形容学习的艰辛。用"鸷鸟累百，不如一鹗之雄，羊皮数千，不如一狐之腋"来说明能够为官的人都是千里挑一的人才，故不能随便选夺。故而，对于吏部的选人之事，张鷟认为是权重职艰的，应该开公平之门，着实的选举出智识拔萃之人。

在有些判词中，作者将典型事例和辟喻的类推方法结合在一起使用。

例如，在白居易《甲乙判》卷第六十六中，有这样一道判：

［判目］得甲去妻后，妻犯罪，请用子荫赎罪，甲怒不许。

［判词］二姓好合，义有时绝；三年生育，恩不可遗。凤虽阻于和鸣，乌岂忘于返哺？旋观怨偶，遽抵明刑。王吉去妻，断弦未续；孔氏出母，疏网将加。诚鞠育之可思，何患难之不救？况不安尔室，尽孝犹慰母心；薄送我畿，赎罪

① 此段解释均转引自田涛、郭成伟校注的《龙筋凤髓判》注释部分，中国政法大学出版社 1996 年版，第 21 页。

宁辞子荫？纵下山之有怒，曷陟屺之无情？想芣苢之歌，且闻乐有其子；念葛藟之义，岂不忍庇于根？难抑其辞，请敦不匮。①

白居易在这道仅有107个字的判词中，将典型事例的类推方法和引辟援类的类推方法相结合，具体分析如下：

“凤虽阻于和鸣”，涉及两个出处：其一，《诗经·大雅·卷二》有“凤凰鸣矣，于彼高岗”之句；其二，《左传·庄公二十二年》有“凤凰于飞，和鸣锵锵”一句，都是比喻夫妻和谐的意思。判词中巧妙地使用了“虽”和“阻”字，意在说明甲与妻子现在虽然没有夫妻关系，但是甲子与其母的母子关系却天经地义的存续着。

“鸟岂忘于返哺”一句，《初学记》中有“鸟者犹有反哺，况人而无孝心者乎?”之说；骆宾王的《灵泉颂》有“俯就微班之列，将由返哺之情”之句，判词融二者之语义，是为了告诫当事人：甲子要有作为人的孝心，就必须善待其母。

“王吉去妻，断弦未续”一句中的王吉是汉朝人，官至谏议大夫，据《汉书·王吉传》载：“东家有树，王杨妇去；东家枣完，去妇复还。”“去妇”即弃妇。这里以王吉“去妇复还”，隐含甲妻还有可能返还其家之意。

“孔氏出母，疏纲将加”，“出母”意为被父休弃的生母。出自《礼记·丧服小记》“为父后者，为出母无服”，作为继承者，嫡长子对已被父亲休弃的母亲，不服丧；但是“疏纲将

① 《白居易集》卷第六十六。

加”，即法律对其母将会宽宥，希望甲子明白这个道理，荫庇母亲。

“鞠育之可思”，出自《诗经·小雅·蓼莪》，主要抒写孩子对父母的怀念，以及自己不能终养父母的痛心之情。其中有：“父兮生我，母兮鞠我。拊我畜我，长我育我”诗句。作者在这里劝诫甲子：母亲的养育之恩不能忘。

“薄送我畿”一句，出自《诗经·邶风·谷风》，这是一首弃妇哀怨自己不幸、控诉丈夫无情的诗歌。其中有“不远伊迩，薄送我畿”句，意思是说路很近，可你只送到门内，太无情义了。喻指甲不同意其前妻提出“子荫”其罪要求的行为，是“无恩之甚”。

“曷陟屺之无情”，出自《诗经·魏风·陟岵》。白居易欲借诗人怀念母亲的深情实感，告诉甲子，即使你的父亲为此而生气，作为人子，你不能忘却母亲的养育之恩，而对母亲的要求无动于衷、无所作为。

“芣苢之歌”，“芣苢”是车前子的别名。《诗经·周南·芣苢》是歌咏采摘车前子的一首诗，判词用此来说明不要寡恩薄待有罪之母。

“葛藟之义”出自《诗经·周南·樛木》，“南有樛木，葛藟累之”，《左传·文公七年》记载：公族，王室之枝叶也，若去之，则本根无所庇荫矣。“葛藟犹能庇其本根，故君子以为比”，判词借这个意思，劝诫甲父子要明白：荫庇其母就是庇荫其根，情之所至，理所当然。

《唐律疏议》中有：“其妇人犯夫及义绝者，得以子荫”的规定；《疏议》云：“妇人犯夫，及与夫家一绝，并夫在被出，并得以子荫者，为‘母子无绝道’故也”。[①] 从法律上看，甲被出之妻有以“子荫”庇其罪的权利。判词正是抓住了这个要害问题，“难抑其辞，请敦不匮”的裁决语，正是白居易支持母亲之请、敦促儿子尽孝的鲜明态度体现。这道判词灵活地运用了典型事例归纳和辟喻的推理方法，将犯妇能否用子荫的问题说得合情合理合法，语言干净利落。

（三）得类不可必推

古代人善于将事物进行归类，并用相近或者是相反的事例作为推理的有力论据，但是在类推的过程中，古人也注意到了推理中的一些谬误，许多事物从表面上看似乎是相似的，但实质上却是不一样的，所以不能随意地乱推。例如吕氏就提出过“类固不必可推之也”的命题，指出：“过着之患，不知而自以为知。物多类然而不然，故亡国戮民无已。夫草有莘有藟，独食之则杀人，合而食之则益寿。万堇不杀，漆淖水淖，合二淖则为蹇，湿之则为干。金柔锡柔。合二柔则为刚，燔之则为淖。或湿或干，或燔或淖，类固不必，可推之也。”[②] 如果不对事物的本质进行区分，将本不是同类的事物相提并论，用同一的格式去推论不同的事物，必然会造成谬误。认识事物的本质，对类推结论的重要性，在秦汉时期已经得到了重视，在唐代的判词中，制判者也非常注意所论之事的本质，不可随意乱推。

例如，在白居易的《甲乙判》中，有这样一道判词：

① （唐）长孙无忌：《唐律疏议·名例律》“其妇人犯夫及义绝者”条，法律出版社1999年版，第46页。

② 《吕氏春秋·别类》。

［判目］得甲献弓蹲甲，而射不穿一孔。有司诘之。辞云：液角者不得牛戴牛角。

［判词］贯革乖方，则宜致诘；相角失理，亦可征辞。甲奠体以成，执箫而献。中规不挠，六材虽则合三；舍拔有愆，七扎（孔）不能穿一。宜恐伤人之甲，不曰坚乎？而非戴牛之弓，无自入也。液信亏于巧者，射遂爽于臧兮。周典足征，彼自乖于三色；楚君明试，此无愧于二臣。咎且有归，责之非当。①

判目中介绍了大体的案情，甲献的弓箭没能射穿盔甲，有司怀疑甲献的弓箭不是精良的兵器。而甲则强调液角之人已是得不到牛戴牛角的。

这里涉及一些古代弓箭的制作术语，所以理解起来会有些困难。从目前所知关于弓箭制造标准的只有齐国的《考工记》一书。该书详细描述了制造弓与箭的选材、工艺流程等。明确指出制造弓所需的六材是干、角、筋、胶、丝和漆，“六材既聚，巧者合之”，只有六材都准备好了才能合制成弓。对于六材的选用标准，书中也有较详尽的规定。如列举了选取弓干的七种原材料，并排定了它们的优劣次第：“凡取干之道七：柘为上，檍次之，桑次之，橘次之，木瓜次之，荆次之，竹为下。”认为七种树中，以柘木为制弓的最好材料，而最差的是竹材。选取角时，要注意杀牛的季节（最好是秋高气爽时宰杀的牛，这时的牛角最厚），牛的老幼强弱。选取的角应是“青白而丰末”，“角长二尺

① 《白居易集》卷第六十六。

有五寸，三色不失其理，为之牛戴牛”（三色是指角的根部白，中部青，端部丰满。而牛戴牛是指一对好牛角的价格就相当于一头牛的价格）。对于胶，要求颜色越深而且越干燥越好；筋越精细而且越长越好；漆要清澈得仿佛见底；丝要光泽鲜明。

至于将六材合制成弓，也并不是短时间就可以完成的，不同的工序需选取不同的季节，以保证弓的质量。“凡为弓，冬淅干，而春液角，夏冶筋，秋合三材，寒奠体，冰析爵”，即在第一年的冬天将完全干透的弓干削制成型；春天将牛角制成大小合适的块；夏天将筋梳理成型，再经酒蒸、锤打、拧紧、手撕，使之不再收缩成为细条；到了秋天，在弓干的外侧粘贴筋丝，在弓干的内侧贴上角；冬天则把丝精细地缠绕在弓节上；到极寒的时候上漆；第三年春天被弦。这样算来古代工匠制成一张良弓，连选材在内共需要四年的时间。

白居易在判词中所言的其实也就是制作弓箭的过程。白氏认为甲所献之弓“奠体以成”，但“六材虽则合三”，“而非戴牛之弓”，这只弓只是初具规模，并不是经过四个春秋所成的一张良弓，故而“舍拔有愆，七扎（孔）不能穿一”。况且甲乃是液角的工匠，并不善于射箭，所以射不穿盔甲都在情理之中。白居易又从另一个角度对该问题进行了分析，他说“宜恐伤人之甲，不曰坚乎”，起到保护身体的盔甲没有被射穿，这难道不该赞叹盔甲的坚硬吗？

白居易在判词的最后强调，不要认为所献上的弓箭就都如周楚灵王的宝弓“大屈”一样，弓箭的制作有着严格的程序，不同阶段的弓箭会呈现不同的特征，不同的工匠所擅长的技艺也是不同的，对液角者的诘问自然是不合适的。

白居易欲通过这样一件类似于故事的案例来告诫人们，看待事物要认清事物的本质和所处的不同阶段，不能从表面上的相似就推导出实质上的一致。

张鷟对得类不可必推的方法也有清醒地认识。在分田训农判中，张鷟对廪牺令王尧效法诸侯分封，欲将无籍之田分给刺史的做法提出了批评。张鷟认为推崇古训的做法是好的，但今天的刺史与古之诸侯已有本质上的差别，而训农之事在于长官的亲力亲为，持之以恒，分不分与田地关系并不大，“若令劝沮，必在躬亲。此虽识于朝三，犹未闻于暮四”说的正是此意。不能因为刺史与诸侯一样同为地方长官，就可以得出效法诸侯分封田地的结论。

通过上述两道判词主要思想的阐述，我们不难发现，在制判者分析推导案件事实的过程中，认清事物的本质，避免将表面相似的事物相提并论的类推方法已经得到了共识。

四　提高推理可靠性的技巧

为了使推理的结论更加准确可靠，古代先贤在注重推理具体方法运用的同时，也总结出了一系列提高推理可靠性的方法，以防止在类推的过程中产生谬误。

（一）知类

“听其言而察其类，无使放悖”[①]，即“知类”就是要懂得事物之间的类比关系，进而做到依类推理，而不至于产生自相矛盾的逻辑错误。显然，知类是类比推理方法中最基本的工作。如何

① 《吕氏春秋·审分》。

才能做到知类？本人认为这与古人的知识储备有直接关系。

“学而优则仕”，说明了决定古人知识储备内容的是古代的选官制度。毫无疑问，科举考试是古代选官的主要渠道，从隋唐到清末，在这1300多年的时间里，科举逐渐成了选官的制度化形式，考试的科目也经历了由多元到单一的转变。唐代的科举考试的科目“有秀才、有明经、有俊士、有进士、有明法、有明字、有明算、有一史、有三史、有开元礼、有道举、有童子。”[①] 考试的内容因各科之间的差别而有异，如“明经”考察的内容有：“凡礼记、春秋左氏传为大经，诗、周礼、礼仪为中经，易、尚书、春秋公羊传、谷梁传为小经，大经、小经各一，若中经二。通三经者，大经、中经、小经各一。”[②]

由于中国古代属“通才”型教育，所以在科举考试中，即便有分科，但就整体的知识储备而言无外乎经学和文学两种。经学主要包括了先秦史学和子学（主要是儒家学说），而文学主要就是对诗词歌赋的掌握。在科举考试中，主要表现为通经致用，并且在论述时还要带有文采。可见，“知类”是有意识地训练的结果。

（二）察故

事由因生，事情之所以会发生，都会有其中的缘故。要在推理中尽量避免认识错误的发生，就要持审慎的态度察其所以然。故而，制判者在作判时，也时刻不忘查明事情的缘故。

例如在第三章中提到的太史令教儿子私习天文的判词，张鷟

① 《新唐书·选举志上》。
② 《通典》卷十五《选举三》。

正是在审慎地查明了案情缘由之后，才着手下判的。唐律禁止私习天文，其规定为：“诸玄象器物，天文，图书，谶书，兵书，七曜历，太一，雷公式，私家不得有，违者徒两年。私习天文者亦同。其纬侯及论语谶，不在禁限。”其疏议对“私习天文者”也给予了解释：“谓非自有书，转相习学者”。[①]

从判目中的表述可见，太史令杜淹教他的儿子私习天文是实，且还有玄象器物，其情节完全符合唐律禁止之规定，本应该按照唐律的规定进行处罚，但张鷟却不这么认为。他认为此案有别于普通的私习天文的案件，原因之一是杜淹的儿子对天文非常感兴趣，原因之二是杜淹为太史令，有传授天文知识的优越条件。那么，父亲教授儿子学习天文，还属不属于私习天文的范畴呢？张鷟给予了否定回答，在他的判词中有很明显的体现，“父为太史，子学天文，堂构无堕，家风不坠。私家不容辄畜，史局何废流行”，张鷟认为，父子既然是太史令，教授儿子天文知识是很正常的事情，无损家风。倘若在太史令的家里都禁止天文藏书，那么太史局又该如何存续呢？所以，张鷟最后并没有按照唐律的规定作出判决，而是给出了“准法无辜，按宜从记”的结论。

张鷟在对该案进行分析时，显然注意到了“察故”的重要性，对该案的案由进行了分析，在发现此案案情有别于普通的私习天文的案件后，张鷟才选择了有利于杜淹父子的类推说理方法。从此案可以很清楚地感受到在进行类比推理过程中，察故的重要性。

---

① （唐）长孙无忌：《唐律疏议·职制律》，法律出版社1999年版，第212页。

再如，白居易的贡橘过期坏损判：

> ［判目］得景进柑子，过期坏损。所由科之，称于浙江阳子江口，各阻风五日。
>
> ［判词］进献失期，罪难逃责；稽留有说，理可原情。景乃行人，奉兹锡贡：存及时之果，诚宜无失其程；阻连日之风，安得不愆于素？览所由之诘，听使者之辞：既异遑宁，难科淹恤。限沧波于役，匪我愆期；败朱实于厥苞，非予有咎。舍之可也，谁曰不然？[①]

查明进贡的柑子缘何失期坏损，是该道判词的写作重点。白氏认为如果因人为原因进献失期，那自然是罪难逃责。但如果是“稽留有说”，那还是允许“理可原情”的。景在出发之前备的是“存及时之果”，但怎奈途中“阻连日之风”，无法行进，故而愆期。白居易认为，这是因无法预测的自然灾害而导致的柑子失期坏损，并不能怪景。

可见，以张鷟、白居易为代表的封建执法官吏，多能体察个案的特殊性，斟酌情节的轻重和缘由，做到处罚得当、执法平宽，这也正是循吏优良作风的展现。

（三）当理

提高类比推理可靠性还有一个重要的方法，就是要“当理”。根据《吕氏春秋》中的解释，“辩而不当理则伪”。[②] 这里的

① 《白居易集》卷第六十六。

② 《吕氏春秋·离谓篇》。

“理”是指事物的发展规律，认定是非得失的标准。如果在推类、论证的过程中，不合事物之理，那么这个“不当理”的结论也是错误的。

例如，《文明判集残卷》记载了这样一个案例：

> ［判目］妇女阿刘，早失夫聟，心求守志，情愿事姑。夫亡数年，遂生一子，款亡夫梦合，因即有娠，姑乃养以为孙，更无他虑。其兄将为耻辱，遂即私适张衡。已付聘财，剋时成纳。其妹确乎之志，贞固不移。兄遂以女代姑，赴时成礼。未知和为婚不？刘请为孝妇，其理如何？
>
> ［判词］款与亡夫梦合，未可依凭。即执确有奸非，又无的状。但罪难滥，狱贵真情。必须妙尽根源，不可轻为与夺。欲求孝道，理恐难从。其兄识性庸愚，未闲礼法。妹适张衡为妇，参差以女代姑，因此便成伉俪。昔时兄党，今作妇翁；旧日妹夫，翻成女聟。颠倒昭穆，移易尊卑。据法法不可容，论情情实难恕。必是两和听政，据法自可无辜；若也周冒成婚，科罪仍须政法。两家事状，未甚分明，宜更下推，待至量断。[①]

作者在对此案进行推理分析时，审慎地对此案情进行推敲，紧紧抓住了推论要“当理”这一点。此案的处理意见可概括为以下三点：一是阿刘“梦中怀孕”之事，“未可依凭”，而且也不符

① 杨一凡主编：《中国珍稀法律典籍集成》甲编，第三册，《文明判集残卷》，科学出版社 1994 年版，第 291 页。

合怀孕的基本规律，是不可相信的。但即使她有出轨行为，由于没有证据，也不能轻易定罪；二是阿刘以侍奉婆婆为名，立志不嫁，不能因此认定为孝妇；三是阿刘的哥哥将自己的女儿嫁给张衡，其行为实乃“颠倒昭穆，移易尊卑”，这种做法是有违传统价值标准的，所以也是“不当理”的。不过制判者还是将审慎的态度进行到底，他强调这桩婚姻的合法性需分辨是“两和”还是“罔冒”，再作进一步的裁夺。

五　案件事实推理与律法发现之间的承接关系

正如本人反复强调的那样，法律发现所强调的是“发现”这一过程，这其中既包括对适用于个案的律法的发现，也包括了对案件事实的推理。从语法上讲，“法律发现”这一术语是一种宾语前置结构，之所以把“法律”放在“发现”的前面正是为了突出发现的对象——法律和事实，同时也暗含了要用法律的思维去发现法律。那么，如何将律法与事实二者融合在一起的呢？法律发现应该呈现出一个什么样的过程呢？

有学者认为，法官应当证立“小前提”——案件事实，然后带着对案件的理解从制定法中去获得法律的大前提，即对具体案件及判断所急需的部分，将二者拉近、整合。换句话而言，在法律发现的过程中，面对案件事实，法官形成自己对案件的理解，带着这种对案件的理解和对法律的领悟两者结合所形成的“前理解”去发现法律。从法律适用的角度来看，理解是法律能够得以适用的前提。法官若不理解法律，用法律来解决纠纷就没有了意义，法官适用法律是使法律获得生命力的条件。法律发现是一种使生活事实与规范相互对应，一种同化的过程。在法律发现过程中，作为发现主体的法官，首先应当对具体的案件进行分析，然后带着这种理解的“前见”去寻找对于评价事实具有决定意义的法律规范，同时应当验证得到认定的事实是否满足相关规范的事实构成，如果满足相关的规范的构成并不与整个法秩序相违背，那么就可以直接宣判法律后果。

发现法律后，法官首先应解释法律。法律适用就意味着法律解释，法律解释也就是对法律的理解。只要有解释，解释便会不同。对多样性的法律解释，法官必须从中筛选出合法、正确的解释结果。而法律发现是法律解释的前提。

此外，法律发现是一种实践性很强的法律活动，这其中对法官的经验性知识的要求很高，即法律发现还具有意会性的特点。意会主要表现为法官的法律感。而法律感是法律思维的重要组成部分，正如人们的行为大部分是由心理或无意识支配一样，法官对案件答案的发现与确定也在很大程度上是受法律感支配的。

法律感的形成则依靠法官渊博的法律知识和丰富的实践经验的积累。面对案件，拥有较强法律感的法官就能直接去适用和解释法律。

以上对于法律发现中的案件事实推理与律法发现之间的关系以及法律发现的整个过程，都是建立在整个司法实践这样一个大的背景之下进行讨论的。而本书所研究的对象——唐代的判词，其实模拟的是司法判决这一司法活动中的最后环节。故而，法官的“目光往返于大前提与事实之间”的表现并不是很明显，甚至在大多数的判词中，并没有提到所适用的具体法条。就此问题，笔者现随意选取一例，以便详细说明之。

［判目］导官署令姚泰盗用进米二十石，上米估四十五价，次绢估三十价，断绞不伏。

［判词］务农重谷，旷代之彝典，税熟贡新，经邦之雅训。金不可食，轻瑞铣以投龟［蛙］，玉不可衣，弃和珍以抵鹊。一日不作，天下受其饥，三载斯盈，海内沾其润。磨蜃而耨，百谷所以繁滋，驱象而耕，三农以之告稔。彩鸡屡见，非无白壤之仪，春鸟不鸣，自有黄云之应。姚泰策名列署，受委导官，专司瑞鹊之禾，实主鸣蝉之稻。赤乌集耨，冰粟千仓，黄雀随犁，秋苗万亩。五种燕颔之粲，粒若流珠，六月枭白之租，精如散玉。岂得安定之麦，不进中宫，长安之米，窃留私室。刑名极峻，法焉可逃，情状难容，死有余谴。但平赃定律，必依高估，供进所须，宜从极价。论次缣则，状当绞，坐准。①

这是一道选自张鷟《龙筋凤髓判》中的官吏坐赃案件。判目中清楚交代了导官姚泰贪赃的数额和大理寺的处罚结果。从张鷟所给出的263字的判词中来看，90％以上的篇幅是在阐述导官职权之重以及对姚泰贪污行为的谴责，其中体察不到作者对“大前提”的发现，更没有交互的过程，只是在判词的最后隐含了对坐赃罪的法律规定，“平赃定律，必依高估，供进所须，宜从极价。论次缣则，状当绞”。之所以说是隐含的法律规定，是因为张鷟并没有明确写出具体适用的法条内容，只是在判词中对大理寺给

① （唐）张鷟：《龙筋凤髓判》，田涛、郭成伟校注，中国政法大学出版社1996年版，第176页。

出的判决给予了支持和肯定。

从此例中，我们大体可以看到唐代制判者处理案件的大体思路：首先要解决的是罪之大小的问题，即制判者从判目所给出的案情来判断案件的罪行轻重，如果是杀人越货、盗窃抢劫、贪污受贿等罪状清楚，犯罪动机明确且罪行较重的案件，制判者在说理陈述案情时往往不会出现偏袒当事人的情形，且在判词最后同意适用法律规定的概率很高。其次是要解决罪之有无的问题，基于对案情的把握和理解，如果制判者认为所谓的犯罪事实存在疑问或有“情有可原”之处，则情理就成为了判决所使用的基本手段。此时制判者在选择法源时，多援引非正式法源。

唐判中的法律发现特点，从表面上看，制判者的目光并不是来回穿梭在案件事实与律法之间，而是用大量的篇幅来阐述案件事实，对于法律的适用则显得“惜墨如金”，不做过多的阐释。但是，探究判词写作背后的深层价值，笔者觉得制判者在面对不同的选题中所呈现的不同的案件情节时，首先考虑的仍然是法律“大前提”的选择，是适用成文法典，抑或是情理，甚至是习惯法，然后找出具体适用的法律条文，或者是在情理的适用时如何说得在情在理。然后，仍然是与具体个案相结合，使得法律的选择适用于具体案件时天衣无缝，也就是说，由于唐判所模拟的场景的特殊性，以至于我们所关怀的案件事实推理与律法发现之间的回转关系从台前走到了幕后。就上述姚泰盗米案为例，显然张鷟是在知晓适用何种法律的前提下，才下笔展开论述的。因为姚泰作为官吏的特殊身份，所以他是不能适用《唐律·杂律》中关于坐赃致罪的判罚的，因为此条的最高处罚只有徒三年，而姚泰作为特殊身份的犯罪，应该适用“监守自盗”条的规定，而且该条对于坐赃数额规定达到三十疋的就处以绞刑，张鷟在判词的最后也如是说“状当绞，坐准”。

唐代所流行的拟制判词，其对制判者的首要要求就是要熟知法律规定，而其所训练的正是制判者的“法律感”。也就是说，面对具体个案，制判者首先要知晓选择何种法源，然后用自己所理解的法律来解释和适用于具体个案，最后达到的是对判案经验的积累和丰富。为在真实的司法实践中发挥自己的经验知识做好准备，这才是拟制判词大量存在的真正原因，也是制判者制作判词的真正目的。

第五章　影响唐判及其法律发现之结果的主要因素

以上各章主要论述了制判者在面对不同的判目时，如何发现法律并且将所选取的法律适用于个案的诸环节，即法律发现的整个过程。然而，另外的一系列问题也是值得我们研究和思考的：为什么面对某一案件，制判者会选此法律而不选彼法律；为什么制判者的说理方式会与我们所想的有所不同；为什么唐代的拟制判词会从封建社会各朝代中凸显出来，无论是从语体风格上还是从存世数量上。在这其中国家制度上的倾斜和社会风气的影响，是我们不得不考虑的因素之一，此外，面对相似的案情，不乏众制判者通识的认知标准，亦有因制判者个体素质的差异而产生的认识偏差，而这些更是直接影响了判决结果的不同。恰恰是这些隐藏在判词背后的诸多因素影响了判决的结果（相同或不同）。故而，本章的主要任务就是对影响制判者作出最终判决的诸多因素进行梳理。本人将此中的影响因素分为外在和内在两大方面，兹详述如下。

一　外在因素

（一）唐代的选官制度促生了判词写作的兴盛

中国封建社会有选举之制，大约始于汉代，即所谓的“乡举里选”。但是，在唐代之前，选与举是没有作严格划分的，凡被举荐出来的士子，大都可以被直接选作为官，例如汉代的察举制、魏晋南北朝时的九品中正制，都是如此。而从宋开始，选与举也重新走向融合，宋人会试后，经殿试，就可立即授官，这种做法也一直延续到了清末。纵观整个封建社会，唯独唐代一朝在选官制度上最为特别，举士与选官分属于不同的机构，且各机构都有自己独立完整的运行机制，恰是因为在吏部所主持的铨选中，诸环节都离不开对“判”的考察，由于考试的内容与选人的切身利益和仕途前程息息相关，所以催生了大量的判词模板化练习方式的产生，这也是唐代拟制判词大量存世的最主要原因。对于此问题，本章附有唐代选官制度流程图一张，结合此图来详述判词在选官的各环节中所起到的作用。

隋朝所成制的科举考试为广大士子进入仕途打开了一扇公平之门，且其中考查科目也欲向多元化方向发展，如明法、明经、明算等科目。唐代继承并发展了该制度，称之为举制。但唐代的科举制度，只是负责把各科的举子由县试、州府试或学馆试、省试中选拔出来，其任务就告完成，以后的事情就由选司来接管了。举制原由吏部考功员外郎主持，自唐开元二十四年始，由礼部侍郎负责。

所谓的选制，即吏部铨选制度。举子在及第后，就开始属于吏部铨选的范畴了。首先，礼部以关文的形式将及第举子的大体情况介绍并移交给吏部，吏部则通过两道短小的判词来对举子进行初次考察，此考试被叫做关试。而有资格参加吏部主持关试的且未被授予官职的人就叫做选人。“关试”从字面意义上可知，这是将举子的相关资料由礼部移交给吏部的手续交接过程；对于新及第的举子来说，也是由举子身份转化为选人身份的分水岭。所以，“关”的味道更重于“试”的味道。实际情况也确实如此。关试的内容是“试判两节”，在假拟的诉讼案件下做判词两道，关试判词较铨试判的判词和科目选中书判拔萃的判词无论是在难易程度上还是在字数上都简单得多，判词的字数只有几十个，一般不超过百字。由于关试是吏部纳新的一种形式或者更多的有履行手续的意味，所以，关试并不存在及格与否的问题，也不分名次，只要参加，都能通过。故而，选人对于关试并不是十分重视，考试作弊的情况时有发生，有史记载后唐明宗长兴元年的关试情况，云：“十月，吏部南曹关试今年及第举人，进士李飞等六十九人内，三礼刘莹、李斐、李铣、李道全，明算宋延美等五人，所试判语皆同。”① 此外，许多举子在参加了漫长的科举考试及第后急于回家报喜，还有的向往去各地漫游，所以就找人替代自己参加关试，到了晚唐这种现象就更加突出。郑仁表《左拾遗鲁国公孔府君墓志铭》中说：“拾遗始及第，乞假拜庆。新进士得意归去，多不伏拘束假限，往往关试不悉集，贡曹久未毕公事，故地远迨二千里，例不给告。”② 可见，选人告假找人代考的现象绝不是偶然现象。如此种种皆说明关试在吏部的铨选制度

① 《册府元龟》卷六三三，《铨选部·条制五》。

② 转引自王勋成《唐代铨选与文学》，中华书局 2001 年版，第 7 页。

中只是一个交接手续，形式功能更为突出，但仅一交接手续也须以试判的形式出现，也足以证明判词在选官征途中的重要性。

在关试前后，新近举子往往还要举办盛大的宴会，习惯上称之为关宴。在宴会上一来能够结交一些官场好友，二来能有机会得到官场前辈的引荐。在关宴中，新近举子喜于寄情于杯酒，放怀于未来。孟郊曾有诗云："昔日齷齪不堪言，今朝放荡思无涯。春风得意马蹄疾，一日看尽长安花。"① 此诗既道出了及第后命运的改变，也抒发出了作者对仕途未来的宏伟抱负。然而，正如前文所述，唐有别于其他朝代，及第后并不意味着立即授予官职，按唐制，凡是吏部选人，一般都要守选，及第的举子也不例外。关宴后，他们就携带关牒回家守选去了，而等待他们的将是漫长的时间考验。

在我国民间每年除夕都有守岁的习俗。守选的"守"字与守岁之"守"字同义，即及第举子在通过关试后，要在家候守一段时间，听候国家的派官。而唐代采取守选制度，从表层来看与自古传承下来的限年而仕的制度不无关系。《礼记·曲礼上》有云："四十曰强，而仕。"东汉顺帝时的左雄更是限年而仕的推动者，《通典》卷十三载："阳嘉元年，尚书令左雄议改察举制，限年四十以上，儒者试经学，文吏试章奏。"这为后世推行限年而仕的制度打下了基础。而唐代推行守选的真正原因是为了缓解官缺少而选人多这一矛盾。随着唐代经济的日益强盛，求仕者越来越多，但官位毕竟有限，所以从贞观初年开始，国家一方面实行淘汰制，精简考满罢职的官员，以腾出更多的职位；另一方面对于

① 《全唐诗》卷三七四，孟郊《登科后》。

新入仕的举子而言，留出一定的时间来加强吏治的学习也是相当必要的，所以守选制得以保留下来。

及第举子的守选年限因其科目、等第不同而不同，再落实到每一个人身上亦有差别。像《唐六典》卷二《尚书·吏部》所载："若本荫高者，秀才、明经上第，加本荫四阶；已下递降一等。"可见，自己的出身和科举考试的等第都与守选年限的长短有直接的关系。对于守选的平均年限，史料中鲜有明确的记载，我们只能从侧面材料中得以窥见一斑。例如在《册府元龟》中记载过一条唐玄宗开元三年六月的诏文："其明经、进士擢第者，每年委州长官访察，行业修谨、书判可观者，三选听集。并诸色选人者，若有乡间无景行，及书判全弱，选数纵深，亦不在选限。"[①] 可见，三年是守选的一般年限，但是在这三年中仍然要求守选者言行自律，增强自己的学识，其中对判词的考察占很大的比重。对于既无德行，书判写作水平又差的选人，即使守选年限再多，也不得送选。到了唐中晚期，进士及第的守选年限仍然是三年，未有改变。可见，"三年任选"是一个官方给定的最短时间，但守选年限到底能多长，还在于选人的自律和争取。

及第举子在守选期间，为了不荒废自己的学业，文人的特有气质在此期间得以抒发，诗词歌赋的练就提升了自己在文学上的造诣。除此之外，还应对吏治狱案等实际工作经验有所积累，以便在做官之后能有一个顺利的过渡，故作判就成了及第举子在守选期间的另外一门必修课。如白居易的《百道判》、《元氏长庆

① 《册府元龟》卷六三五，《铨选部·考课一》。

集》中收录的元稹的判词，正是他们在中进士、明经及第后守选期间的判案练习。

这里需要强调的是，参加吏部铨选授官的不仅局限于新近登科的举子，还包括六品以下任期届满或经考核被罢免的官员。因六品以下多为州县地方官吏，官职卑微且势单力薄，故而他们与及第举子一样也要守选，守选的年限一般也为三年，大体与及第举子的规定无异。只有当他们晋升到五品以上官位时才能出选门，逃离吏部主持的铨选轮回。政府的此种做法同样是为了解决选人多而官阙少的这一社会矛盾。

然而，唐代的守选制度并不是单一呆板不容变通的，对那些确有奇才的人也会通过特殊途径得官。比如，则天朝的侍御史张循宪做河东采访使时，遇到了一起疑案，久不能决。后有人向他推荐一人，名叫张嘉贞，此人天赋异禀，有奇才。张循宪召见了张嘉贞，并向他介绍了案情。嘉贞“为条析理分，莫不洗然”。后循宪还朝，将张嘉贞介绍给则天皇帝，则天召嘉贞入见内殿，与语，大悦，即拜监察御史。[①] 唐代皇帝大多惜才，对像张嘉贞这样有奇才的人自然会得到直接提升和任用。但有奇才之人毕竟是少数，大多数人不得不遵循选官的程序一步一步地得官。故而在守选期间，吏部为了使一些有才华的人，尤其是那些学有专长的人能早日脱颖而出，又设立了一项打破选格限制的选试制度——科目选。科目选是通过科目考试来选拔人才的选官制度，那么唐代的科目选大体都有哪些科目呢？根据《唐会要》的记载，大体有博学宏词科、书判拔萃科、三礼科、三传科、三史科

① 《资治通鉴》卷二百〇七，则天后长安二年（702）十二月。

等。《册府元龟》中记述得更为详细："又有吏部科目，曰宏词、拔萃、平判，官皆吏部主之。又有三礼、三传、三史、五经、九经、开元礼等科，有官阶出身者吏部主之，白身者礼部主之。"①由此可见，吏部的科目主要有博学宏词、书判拔萃和平判科，而其他科目如三礼、三传、三史、五经、九经、开元礼等则是效仿礼部贡举考试而设立的。对于有出身、有官阶的选人是归吏部考试的，白身者则归礼部考试。换句话说，参加科目选考试的，仅限于有出身的人和前资官。

出于本书研究对象的考虑，这里主要论述书判拔萃和平判两科。书判拔萃科设置于唐开元十八年冬。② 史料中关于书判拔萃科的具体考试内容的记载比较少。而试判一直是吏部的专项考试，前面论述到的关试要试判，只不过是两条短小而简单的，更是流于形式的判词；平选常调也要试判，同样是试判两道，但难度较关试要大得多；此外，流外官入流也要试判，一般也是试判两条；书判拔萃和平判也要对做判进行考查，唯独书判拔萃是要做判三道，"试判三条，谓之拔萃，亦曰超绝"，"邵天宝末进士登科，书判超绝，授崇文馆校书郎。"③ 由此可证，书判拔萃科对书判的考查其难度、要求水平之高应超出上述所有的试判考试。由书判登科者，往往会授予好官，如于邵被授予崇文馆校书郎，白居易于贞元十九年入等书判拔萃登科，被授予秘书省校书郎，余从周书判拔萃登科，被授予秘书省正字。

---

① 《册府元龟》卷六三九，《贡举部·总序》。

② 对于书判拔萃科设立的时间考察，在王勋成所著《唐代铨选与文学》一书中有过详细的推断，详见该书第八章科目选。本书予以直接引用。

③ 《旧唐书》卷一三七，《于邵传》。

吏部举办的科目选中还有平判一科。以平判科登科的代表是元稹，在他所写《酬哥舒大少府寄同年科第》一诗末句“八人同著彩衣裳”可知当年同时参加科目选并登科的共有八人。在此诗的注释中有这样的记载：“同年科第，宏词吕二炅、王十一起，拔萃白二十二居易，平判李十一复礼、吕四颖、哥舒大烦、崔十八玄亮逮不肖，八人皆奉荣养。”[①] 从该诗的注解中可知，当年登吏部科目选的八人是博学宏词科的吕炅、王起二人；书判拔萃科的白居易一人；平判科的李复礼、吕颖、哥舒恒、崔玄亮和元稹五人。并且从《文苑英华》中亦能找到当年的试题《毁方瓦合判》，其中白居易有做此题，元稹、吕颖、崔玄亮亦作此题。由该判词可以推知，虽然拔萃考判三道，平判考判两道，但其中不乏相同的试题。那么，书判拔萃与平判到底有何不同呢？区别于判词的写作水平高低，还是录取的标准有所差异？这些尚待进一步考察，但目前可以推知，平判科可能是书判拔萃科的一种补充形式。

科目选是一种选拔特殊人才的特殊考试，并不是绝大多数选人都有资格参加的。所以，作为吏部选官最为重要而惯常的考试实为铨选。铨选有着严格的程序，如在《唐会要》中有述：“其铨综也，南曹综核之，废置与夺之，铨曹注拟之，尚书仆射兼书之，门下详履之。履成而后过官。”[②] 通过此段论述，唐代铨选的大体步骤可归纳为资格审查→学识考查→量资得官。吏部于每年四月开始根据州县及中央各部门所报官位的职缺数与守选期满

① 《全唐诗》卷四一一。

② 《唐会要》卷七十四，《选部上·论选事》。

的选人数目之间的比例，来修订选格，即选人参加本届铨选的条件要求。选格每年修订一次，颁布一次。各地符合资格的选人，按照路程的远近，最晚于十月份内到京，等候参加铨试。选人到京后，要向吏部南曹递交选解，有出身的还要交纳出身凭证，新进举子还要递交关试证明。南曹将上述文书收齐后就开始锁曹磨勘。所谓磨勘，就是南曹将选人交纳的各类文书与吏部所存档案材料一一对检，审查核实选人是否符合铨选的条件，有无弄虚作假。南曹磨勘后将不符合选格规定的选人名单交与废置司再做定夺。准确地说，废置司的工作是与南曹同步进行的，南曹详磨勘，废置司旋详断，驳落的选人经二司的反复辨明，就可以减少冤屈之事的过多发生。磨勘和废置的工作结束后，一方面将通知通过资格审查的选人准备铨试；另一方面将驳放的选人长名榜示。

当选人通过了资格审查后，随即就将参加铨试。关于铨试的内容，众多史料中皆有记载，如《唐六典》卷二《尚书吏部》载："以四事择其良：一曰身、二曰言、三曰书、四曰判。"《通典》卷十五《选举三》也说："其择人有四事：一曰身，取其体貌丰伟；二曰言，取其词论辩证；三曰书，取其楷法遒美；四曰判，取其文理优长。凡选，始集而试，观其书、判；已试而铨，察其身、言。"在铨试四事中，试判是关键，有一笑话讲的是："吏部侍郎李安期……性好机警，一选人引铨，安期看判曰：'弟书稍弱。'对曰：'昨坠马损足。'安期曰：'损足何废好书？'为读判曰：'向看贤判，非但伤足，兼似内损。'其人惭而去。"①

① 《朝野佥载》卷六。

此人书判不好的理由说来好笑，但李安期顺水推舟似的回答更为精彩，通过这个笑话也可以看出当时铨选对书判是相当重视的。

铨选试判两道，早已成定制。《唐六典》卷二说得很明确："侍郎出问目，试判两道。"随着选人的增多，判词的内容也越来越复杂古怪，艰难刻薄。《大唐新语》亦载："国初因隋制，以吏部典选，主者将视其人，核之吏事。始取州县府寺疑狱，课其断决，而观其能否。此判之始焉。后日月淹久，选人滋多，案牍浅近，不足为难。乃取经籍古义，以为问目。其后官员不充，选人益众，乃征僻书、隐义以试之，惟惧选人能知也。"① 可见，试判初衷本是选拔人才的一种考试，却迫于选人多而职缺少的实际压力走向了极端，到最后所出题目"惟惧选人能知"已经失去了考试的意义。难怪马端临在《文献通考》中这样说："盖虽名之曰判，而与礼部所试词赋杂文无以异，殊不切于从政，而吏部所试为赘疣矣。"②

抛开试判后期发展的鸡肋性不谈，判词写就的高低确实与选人的等第相联系。《唐会要》中言："大足元年正月十五日敕：选人应留，不须要论考第。若诸事相似，即先书上考，如书判寥落，又无善状者，虽带上考，亦宜量放。"③ 铨选中的书判等第，虽然有第一等第，但往往为虚设，不曾授予人。在唐开元以前，第二等第实为最高，如《旧唐书》中提到的刘宪、王适、梁载言等都是在则天朝相继入试判第二等第。开元以后，第二等第也渐渐不再授予了，常以第三等第为最高。故而从第三等第开始被称

① 《大唐新语》卷十，《厘革》。

② 《文献通考》卷三十七，《选举十・举官》。

③ 《唐会要》卷七十五，《杂处置》。

为甲科，第四等第为乙科，第五等第为丙科。[①]《册府元龟》中记载过这样一件事："有张者，御史中丞倚之子，不辨菽麦，假手为判，时升甲科。"[②] 这里说的甲科即为第三等第，一个五谷不分的人能得甲科第一名实为嘲讽。此外，书判甚差者称为"蓝缕"。《新唐书·选举志下》就说："凡试判登科谓之如等，甚拙者谓之蓝缕。"书判蓝缕者一般是不予授官的。《册府元龟》中载天宝十一年的一道敕文："吏部选人书判蓝缕，及杂犯不合得留者，不限选数并放。"[③] 也就是说如果选人的书判蓝缕，即使守选年数合格，也是要被驳放的。由此可知，判词对于选人是多么的重要，这也是为何在守选期间勤加练习的原因之一，这也是像张鷟《龙筋凤髓判》这样的判词范本为何在唐代被仕子奉为圭臬的根源。

吏部铨试后，就开始注拟。所谓注拟，就是根据缺位先将某选人拟定为某官，并注录在册。拟注有一个三实的标准，据《旧唐书·职官志》中对"三实"的解释："三实，谓德行，才用，劳效"可知，在注拟时要对选人做全方位的考查，既要看选人有无善状，是否清白著称，又要通过其所做书判是否入等对他的才用有一个大体的判断，如果是前资官，还要参考他的考课成绩。"三实"标准是有固定顺序的，要先德行，次才用，后劳效。而在具体的注拟过程中，"善状"、"书判"、"考第"就是"三实"的具体化。

再根据《通典》卷十五《选举三》所载："凡选，始集而试，

---

① 此结论引自王勋成《唐代铨选与文学》，中华书局 2001 年版，第 177 页。

② 《册府元龟》卷六三八，《铨选部·谬滥》。

③ 《册府元龟》卷六三〇，《铨选部·条制二》。

观其书判；已试而铨，察其身言；已铨而注，询其便利而拟其官。已注而唱示之，不厌者得反通其辞，他日，更其官而告之如初。又不厌者亦如之。三唱而不服，听冬集。”此段高度概括了铨选的整个过程，这里需要强调的是，吏部在注拟时，必须当着选人的面唱名注示，拟官时要征求选人的意见。若选人以为所注官缺与自己的官资不相当，或所拟之官自己不够满意，可于三日内写出退官报告。三日后，再参加第二次的注拟唱名。若第二次还不满意，可继续以书面形式要求推官，再遇三日后参加第三次注拟唱名，若第三次还不满意，就不再注拟，选人只能参加来年春天的注拟选官，这就是非常著名的“三注三唱”。总之，吏部的唱注选官方式，是以量资为原则，以员缺为凭据，在全面考察选人各方面条件的情况下开始注拟，力图使每一个选人的个人优点都得以发挥，才尽所用。

最后，开铨后将注拟名册按类整理好上报都省，由尚书左右仆射审查，此为“送省过官”。审查通过后，由皇帝亲自下旨画闻而授官，授予告身，即“旨赐告身”。至此，吏部一年的铨选工作才告一段落。①

以上，对唐代的整个官吏选拔过程作出了大体的描述。唐

① 还有一种特殊的选拔人才的考试方式与吏部铨选相并列，即由皇帝亲自选才的制举。它与铨选的最大不同在于它将举制与选制相结合，具有举士与选官的双重性。制举主要考察的方式是问策而不是试判。制举考试，皇帝不但要亲临亲试，有时还会亲自制定考试题目，亲自阅卷批改。试策是制举的主要考试形式。策问一般是以皇帝的口吻提出问题，往往以“皇帝若曰”等字样开头。策对即根据策问而答，有一定的格式要求，一般分为策头、策项和策尾三个部分。策头就是对策的开头；策项是策对的正文部分；策尾就是收尾、结束语，一般最末都有“谨对”字样。通过制举往往能得美官，但在官场的任可度没有铨选登科的官员高。

代举制与选制相分离的特有选官制度，其优点在于打破了选官的阶层限制，为普通举子进入仕途搭建了一个平台；而守选制度也为选人更好地充实自己的学识，增加吏能训练留出了足够的时间。

但唐代的铨选制度所带来的弊端也是非常明显的，在唐代每朝都出现过混乱的现象。例如，高宗朝吏部侍郎刘祥道曾对显庆年间的选人制度堪忧过，他说："今选司取士伤滥，每年入流之数，过一千四百，杂色入流，曾不铨简。"[①] 之后，黄门侍郎郭待举、兵部侍郎岑长倩、检校中书侍郎郭正一、吏部侍郎魏玄同等联名上书给高宗，深责选举之弊，但并没有被皇帝采纳。则天朝臣薛谦光上疏选人之法，他认为选举之法，重在擢取实才，虚文不足以佐时，善射未尝能够克敌。到了中宗朝后期，由于皇室内部法人腐败，使得当时的选官制度再次出现了混乱。另外，我们从判词中多少也能体会到作者对选官制度的些许不满。如在张鷟的《龙筋凤髓判》考功条的判目中，就影射了对此种选拔制度的不满："比年奏考不求才行，贪猥辈好行贿赂，请托多有，使勤劳清慎之徒，不事行赇，例应排摈。"此句说明当时有些选人为了能够早日得官，多用行贿的手段来排挤清慎廉明者，这就人为地造成了选官制度的不公平。再如，白居易也指陈选官制度之弊端，他认为贞观时期的官吏多不能胜任，是因为国家轻视法学，贱待法吏所造成的。他曾感叹："臣以为非刑法不便于时，是官吏不循其法也。此由朝廷轻法学，贱法吏；故应其科与补其

① 《资治通鉴》卷二百高宗显庆二年（657）。

吏者，率非君子也，其多小人也。”[①] 其解决之道，白居易认为应“升法科，选法吏”，他也以身作则，在平时非常重视对吏能的训练。

以上，是唐判之所以兴盛的最重要的一个外部因素，正是因为在唐代特有的选官制度中，对做判的考察之频繁和其所占等第比重之大，才使得待选之人不得不在平时乃至守选期间加强对判词的习作训练。换句话说，唐判在产生之初，是在被动地适应这样一种选官制度。只不过在这渐进的适应中，随着选人身份的转化和法律知识的不断积累，判词中处理各类案件的方法被整理总结出来，以便在今后的司法实践中派上用场。

（二）唐代的考课制度提升了判词的写作水准

选官时需要做判，为官时也要习判，这与官吏的考课之法是分不开的。自古以来，我国就产生并形成了一套严密的用来考核监督官吏的规章制度，即按照一定的标准对官吏进行考察和监督的制度，俗称考计制。考课制度的存在，其好处即在于能够正确地识别、选拔和使用官吏，对于澄清吏治，保持国家机构的正常运转起着十分重要的作用。而对于官吏的考察对象和范围法律规定是非常广的，如开元七年的诏令有云：“诸内外文武官员九品以上……皆具录一年功过行能……考后功过，并入来年，尚书省未校以前，犯罪断讫，准状合解及贬降者，仍即附校，有功应进者，亦准此。”[②] 可见，唐代对官吏的考课，以一年为限，主要考察官吏在一年中的功过行能，并且只要是九品以上的官员，无

① 《白居易集》卷第四十九。

② ［日］仁井田陞：《唐令拾遗·考课令》，栗劲、霍存福等译，长春出版社1989年版，第242页。

论流内抑或流外，皆在考察之列。[①]

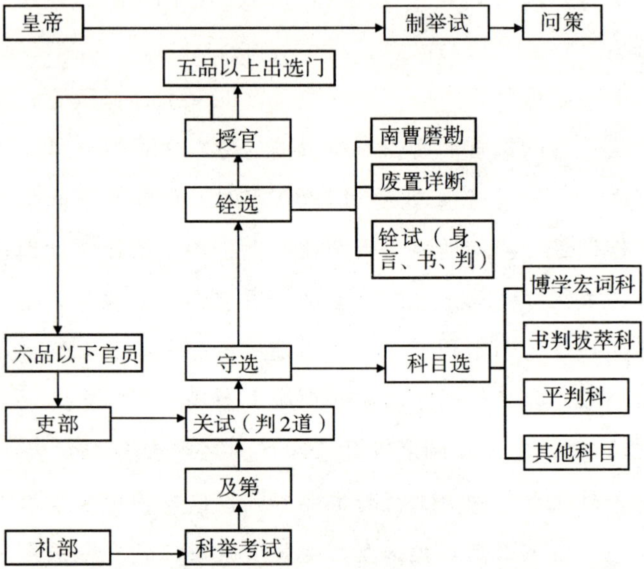

唐代选官制度流程图

唐代考课的程序是由下而上逐级呈报。每年内外官之署官对应参加考课的下属官员都要写一简明考状，对其一年来的功过行能作出评定意见，此谓“长官考属官之功过行能”。对京外官而言，县属官员由县令负责，州属官员及县令由司功参军负责，州刺史由节度使或皇帝派采访使负责。而后州县官员的考状汇集到州府，刺史当众宣读，大家评议。最后，录事参军

① 《旧唐书》中对流外官一般称为“未入流”，虽也有一至九品德区分，但不属于流内官阶，只是流外品。一般流外官主要是主典及其以下。例如，省部的令史、九寺的府、史，州县的佐、史等主典都是流外官。除主典之外，还有从事杂职、杂任的流外官，像亭长、掌固、胥吏等人。对于官吏品阶的划分，本人参见霍存福所写《唐代官刑论》一文，载《吉林大学社会科学学报》1989年第5期。

根据大家的意见写出正式考状，并分上中下九等作出考第[①]。京官的考课方式与外官相同，由各司司长对本司官员按功过行能写出考状，当众宣读后，大家评议，最后按评议成绩写出考状，给出考第。

唐代考课的内容和标准，可以概括为“四善二十七最”。包括道德和行能两方面：四善是对道德方面的要求。一曰德义有闻，二曰清慎明著，三曰公平可称，四曰恪勤匪懈。这四善是针对全国所有内外官员而言的，是对百官的共同要求。

二十七最是对行能才干方面的要求。不同职务的官员有不同的行能标准。所谓“最”是指最好的，最高的标准，这与考课的等第直接挂钩。[②] 如开元七年诏曰：“一最已上有四善，为上上；一最已上有三善，或无最而有四善，为上中；一最已上有二善或无最而有三善，为上下；一最已上有一善，或无最而有二善，为

① 解释：上中下九等分别为：上上、上中、上下、中上、中中、中下、下上、下中、下下，共九等。

② “二十七最”具体为：一曰献可替否，拾遗补阙，为近侍之最；二曰铨衡人物，擢尽才良，为选司之最；三曰扬清激浊，褒贬必当，为考校之最；四曰礼制仪式，动合经典，为礼官之最；五曰音律克谐，不失节奏，为乐官之最；六曰断决不滞，与夺合理，为判事之最；七曰部统有方，警守无失，为宿卫之最；八曰兵士调集，戎装充备，为督领之最；九曰推鞫得情，处断平允，为法官之最；十曰雠校精审，明于刊定，为校正之最；十一曰承旨敷奏，吐纳明敏，为宣纳之最；十二曰训导有方，生徒充业，为学官之最；十三曰赏罚严明，攻战必胜，为将帅之最；十四曰礼义兴行，肃清所部，为政教之最；十五曰详录典正，词理兼举，为文史之最；十六曰访察精审，弹举必当，为纠正之最；十七曰明于勘覆，稽失无隐，为勾检之最；十八曰职事修理，供承强济，为监掌之最；十九曰功课皆充，丁匠无怨，为役使之最；二十曰耕耨以时，收获剩课，为屯官之最；二十一曰谨于盖藏，明于出纳，为仓库之最；二十二曰推步盈虚，究理精密，为历官之最；二十三曰占候医卜，效验居多，为方术之最；二十四曰讥察有方，行旅无壅，为关津之最；二十五曰市廛不扰，奸滥不行，为市司之最；二十六曰牧养肥硕，蕃息孳多，为牧官之最；二十七曰边境肃清，城隍修理，为镇防之最。

中上；一最已上，或无最而有一善，为中中；职事粗理，善最弗闻，为中下；爱憎任情，处断乖理，为下上；背公向私，职务废阙，为下中；居官谄诈，乃贪浊有状，为下下。若于善最之外，别有可嘉尚，乃罪虽成殿，而情状可矜，或虽不成殿，而情状可责者，省校之日，皆听考官临时量定。”① 根据四善二十七最的考课标准，唐代按善最之多少将内外官德考第划分为九等。四善二十七最的考课方法，将考核的内容落实到每一个官员身上，并且以职事为主，与德行相结合，既考察官吏的吏能，又注重官吏的德行。

唐代前期，考课制度的实施还是比较严格的。《通典》中做过这样的描述：“贞观六年，监察御史马周上疏曰：‘今流内九品以上，有九等考第。自比年不过中上，未有得上下以上考者。臣谓所设九等，正考当年之官，必不施之于异代也。纵使朝廷实无好人，犹应于见任之内，比校其尤善者，以为上第，岂容皇朝士人遂无堪上下之考？朝廷独知贬一恶人可以惩恶，不知褒义善人足以劝善。臣谓宜每年选天下政术尤最者一二人为上上，其次为上中，其次为上下，则中人以上，可以自劝矣。’”② 马周所上之言是否得到皇帝的重视，我们不得而知。自此之后，上下以上之考第是否被惯常授予，也很难统计。至高宗时，像狄仁杰这样德才兼备的名官也只得到过上下之考。可见，唐前期，对于官吏的考课还是比较严苛的。

对于长官考属官之功过行能，唐代在制度上还是给长官留有

---

① ［日］仁井田陞：《唐令拾遗·考课令》，栗劲、霍存福等译，长春出版社1989年版，第251页。

② 《通典》卷十五《选举三》。

一定的自由裁量空间，便于长官能够扬长取善，随时发现人才。高宗总章二年，卢承庆时任刑部尚书，有一次考核一名督运官，因遭遇大风致使粮米受到了损失。"承庆考之曰：'监运损粮，考中下。'其人容色自若，无言而退。承庆重其雅量，改注曰：'非力所及，考中中。'既无喜容，亦无愧词。又改曰：'宠辱不惊，考中上。'"[①] 尤其从天宝年开始，考评的严肃性慢慢降低，考课变滥。

如果说吏部的试判，选人往往是出于应对考试的心态，为了能够得官而被动接受，那么，在每年对不同的官吏而进行的有针对性的考课制度，则促使州县基层官吏以及中央的专业司法官吏开始主动地研习判词的写作技巧以及如何地使用法律。这样的考课方式，实质上促进了判词写作水准的提升。下面本人就二十七最中针对司法官吏的考察要求与唐判相结合，具体展开论述。

1. 推鞫得情，处断公允

"推鞫得情，处断公允"是对法官的最高要求。作为国家法律的执行者，如要做到办理的每一起案件都公正无错是很难的，而国家对法官职责的要求核心就是断案公允。那么如何才能达到"法官之最"呢？

（1）得情必先察情

"推鞫得情"之"情"首先指的是具体的案情、狱状，若想全面地掌握案件情状，首先必须要查明案件的真相。如果不能够掌握确凿的证据，就不能还以案件真实，那么所得到的案情也是

① 《资治通鉴》卷二百〇一，高宗总章二年（669）二月。

歪曲而不真实的案情，这必然会影响到案件判决的公正性。所以，得情必先察情是对推鞫得情的深层解释。例如，在白居易的《甲乙判》中有这样一道判词：

[判目] 得乙充选人识官，选人代试。法司断乙与代试者同罪。诉云：实不知情。

[判词] 官择贤良，选稽名实；苟作伪而心拙，必代斫而手伤。乙情非容好，行乖周慎：将如吾面，遂充识以不疑；未见子心，果代试而有悔。既彰闻而贻戚，乃连坐以论辜。察情谅不同谋，结罪诚应异罚。法无攸赦，选者当准格论；人不易知，识官所宜情恕。削夺恐为过当，贬降庶叶决平。①

显然，白居易对法司的处断是不完全赞同的。白氏认为法官判决乙与代试者同罪有失公允，其原因是没有察明乙与代试者之间的关系。他所言的“察情谅不同谋，结罪诚应异罚”实是对该案判决的一种纠正，但从另一角度看，白居易亦是对法官判案之考核标准的一次强调。当然，所察之情也不仅停留在搞清案情、狱状的阶段，如果案件情节特殊，实有可原之处，特别是一些民事类案件，法官往往也会侧重强调案件的人情性或情感性，此点在本书前章已经详述，此不再赘。

(2) 公允须依律条

察明案情，只是作为断案的一个基础，而如何能够使当事人

① 《白居易集》卷第六十七。

接受最终的判决结果，并且能够得到社会的认可，其依凭的必然是法律。唐律中“断罪不具引律令格式”条已经以法律条文的形式规制了法官的自由裁量。所以，断罪必须要援引律条，这也是处断公允的权力保障。但是，律条只是达到公允的最惯常的一种依据，对于有些案件，往往法官的判决是超出律条之规定的，因为处断公允才是最终的目的。公允须遵律条，更侧重于对法官自由裁量权的限制，强调的是法官不能擅断，他所作出的判决结果要遵循立法者的意图。

可见，欲想达到法官之最的考核要求，就必须牢牢把握住“察情”和“依据律条”这两点。

(3) 对法官知法犯法的处置

法官作为握有审判权的特殊群体，精通法律是该职业的基本要求。若法官知法犯法，法律上也无特权可言，仍与常人一样要受到处罚。例如，在张鷟《龙筋凤髓判》中，有一道对大理丞犯夜的判词。

[判目] 左金吾卫将军赵宜检校街时，大理丞徐逖鼓绝后于街中行，宜决二十，奏付法，逖有故，不伏科罪。

[判词] 中尉掌徼起自秦朝，郎将司街行于汉制，御曹执革，雕轮光紫陌之前，武库禁兵，缇骑拂红尘之外。弯弧壮月，肃肃盈衢，挺剑含霜，辉辉满路。辛庆忌之威重，乃应斯荣，汉光武之微时，犹钦此职。赵宜名参列校，务总戎昭，蹑贯复之前规，追寇恂之旧轨，乳虎之号，响溢于京畿，苍鹰之鸣，声充于辇毂名。既而鲸钟隐隐，路绝行人，鹤鼓冬冬，街收马迹。徐逖躬沾士职，名属法官，应知玉律

之严，颇识勾陈之禁，岂有更深夜静，仍纵辔于三条，月暗星繁，故扬鞭于五剧。前途尚远，归望犹赊，未侵豹卫之司，忽犯兽冠之吏，既缺瓜田之慎，便招楚挞之羞。付法将推，状称有故，但犯夜之罪，惟坐两条，被捉之时，曾鞭二十。元犯已从决讫，无故亦合停科。罪既总除，固宜从释。[①]

大理丞徐逖在宵禁之后仍游走于街，被金吾卫抓获时称事出有因，对笞二十的处罚不服。张鷟对徐逖的态度显然严于常人，在判词的开篇张鷟就烘托出徐逖夜行于街这种行为的违法性。而后，他在判词中说“徐逖躬沾士职，名属法官，应知玉律之严，颇识勾陈之禁”，这是对徐逖知法犯法的责备。而对大理丞的处罚也毫无宽缓可言。按《唐律疏议》中的规定：“诸犯夜者，笞二十；有故者，不坐。”疏议对故的解释为“谓公事急速”并且无论是公事还是私事，皆须有县或本坊的文牒，方能夜行。[②] 而徐逖是在宵禁后于街中行，并非急速，而且没有批准夜行的文牒，虽状称有故，但并不符合法律中关于“故”的解释。所以，张鷟认为对徐逖执行笞二十的处罚并不为过，但法律执行也是非常谨慎的，徐逖在被捉时已经被笞二十，所以张鷟在最后的判词中说“罪既总除，固宜从释”。由此可见，法官犯法，并无特权可言，甚至对其处罚要严于常人犯罪。

2. 访察精审，弹举必当

“访察精审，弹举必当”是监察官吏考核的最高标准。唐承

① （唐）张鷟：《龙筋凤髓判》，田涛、郭成伟校注，中国政法大学出版社 1996 年版，第 99 页。

② （唐）长孙无忌：《唐律疏议·杂律》，法律出版社 1999 年版，第 527 页。

隋制，置御史台，为全国最高监察机关，长官为御史大夫。《新唐书·百官志》云：“大夫掌以刑法典章，纠正百官之罪恶。”《唐会要·御史台》云：“正朝廷纲纪，举百家紊失。”监察官吏一则代表国家处理公诉类案件，二则对百官行使监督检察的权力。唐代皇帝非常重视御史台的作用，例如，唐太宗为了充分发挥御史台的监察职能，贞观元年（公元 627 年）规定：凡是中书、门下及三品以上官吏入阁议事，都要有谏官随同，有不当的随时进谏。[①] 御史台的地位由此提高，对于纠正官吏的违失起了一定作用。而真要在司法实践中达到“访察精审，弹举必当”的最高要求，监察官吏须应做到以下几点：

（1）访察即察隐微之罪

所谓“访察”从字面意义上不难看出，作为监察官应主动地走访调查，要善于发现犯罪。这与法官的职责有些许不同，法官的主要职责在于对已经发现和成立的犯罪进行判决，而监察官的主要任务是要发现犯罪，特别是那些难以发觉的隐蔽犯罪行为。如据《旧唐书·元稹传》记载，元和四年（公元 809 年），元稹任监察御史时，他乘出使机会，了解民众疾苦，访察官吏不法，弹奏原剑南东川节度使严砺擅自没收辖内百姓家产，又于两税外另加征钱、米、草等。后又弹奏了数十件不法之事。可见，“访察”更多的是要发挥监察官的主观能动性，要深入社会，体察民情，发现犯罪。

（2）精审要穷问囚情

《晋书·裴秀传》有云：“虽有粗形，皆不精审，不可依据。”

---

① 《贞观政要》第一卷。

唐代的孔颖达在《〈礼记正义〉序》中也说过："文证详悉，义理精审。"先辈们对"精审"的理解是要求事物达到精密确实。而在刑狱诉讼中，精审所强调的是要对案件的审理精密详尽，逻辑流畅，证据掌握充分。而要做到精审，就必须穷问囚情。汉代注释大家张晏《汉书》曾做过这样的解释："鞫，穷也，谓穷问囚情也。"可见，监察官访察后的精审与法官推鞫所得案情同出一辙，所强调的都是要全面掌握案情狱状。

（3）弹举须合寘严苛

御史除了"掌以刑法典章"之外，还有"纠正百官之罪恶"的职责，即弹劾的权力，弹劾指的是要按照朝廷行政法规指控官员的不法行为。但是，监察御史也不能随意使用弹劾的权力，弹劾需要合寘严苛。也就是说，弹劾官吏是一件严肃、严厉的事情，需要监察御史在弄清案情的基础上合理弹奏。

在书中，本人曾引述了张鷟《龙筋凤髓判》中的擅用官物判，此判中的郎将侯圭出使西域贩马，却将买马的钱用来买粮，以免饥饿受死，遭到御史弹劾。张鷟认为负责此案的御史并没有查清该案的案情，就对郎将侯圭进行纠弹，实为鲁莽，这种做法也不符合监察御史的职责要求，故而张鷟在判词最后强调"柏台奏劾，合寘严科，棘署论刑，更宜推鞫"。

（4）对弹举过当的处置

与对法官犯法进行处置一样，监察官若弹举失当也要得到及时的纠正，而要把握的一个大的原则就是要按照法律的规定处理。例如，在张鷟《龙筋凤髓判》中有遗箭于仗内一案，御史对当事人杜俊进行了弹劾。但张鷟则认为此弹劾有失公允，原因在于"律有正条，相须乃坐"，法律是有明文规定的，只有所犯案情与法律之规定相吻合时，才能依律断罪。而杜俊只将箭遗落在队仗中，并没有弓，只有将两者同时遗落在队仗之中，才符合惩罚的要件。杜俊只是不小心将箭落在了队中，那么自然“不可累成其过”。显然，张鷟认为御史的处罚过重了，并及时予以纠正。

3. 处断不滞，与夺合理

“处断不滞，与夺合理”为判事之最。判官在唐代的四等官制中人数最多，且是担任主要职责的部分负责人。[①] 判事官是在唐代官署建制中普遍存在的一种官吏类型，而对这些存数众多的判事官的考核，更多的是重注对其吏能的考察。

（1）不滞即要无隐瞒无稽失

处断不滞，一是从个别角度而言，既要求判官在处理公务或案件时，要公开透明，不能隐瞒，并且要求稳妥而没有闪失；二是从总体角度来说，就是要求判官处理的公务或案件没有积压不能贻误，这也是作为评价官员能力的一个重要标准。例如，在《大唐新语》中记载了这样一个故事：裴琰弱冠时任同州司户，但以行乐为事，略不视案牍。刺史李崇仪怪之，问户佐，户佐对：“司户小儿郎，不娴书判。”……复数日，曹事委积，众议以为琰之不知书，但邀游耳。他日崇仪召入，励而责之。琰之出，问户佐曰：“文案几何？”对曰：“急者二百多道。”琰曰：“有何多？如此逼人。”命每案后连纸十张，令五

① 依唐制，建制比较完备的官署设长官、通判官、判官和主典四类官吏。“判官以上为监临”，即前三类为监临官，长官与通判官分别是机构行政的正副负责人。判官是机构内的部门负责人，依职能划分分别设置。主典即主守，是官署内最低级的办理公务人员。

六人供研墨点笔。琰之不上厅，语主案者略言其事意，倚柱而断之，词理纵横，文笔灿烂，手不停辍，落纸如飞。倾州官僚，观者如堵，既而回案于崇仪，崇仪曰："司户解判耶？"户佐曰："司户太高手笔。"……琰由此名动一州。[①] 这个故事虽是为了赞叹裴琰具有不判则已，一判惊人的过人能力，但他因曹事委积遭到刺史责骂的事实，却也从另一个侧面折射出唐代政府对判官办事效率的要求。

（2）或与或夺要权衡利弊

与夺要求合理。与夺这个词在古代文献中经常出现，最常以两个相反的意思出现，可以解释为赐予和剥夺、奖励和惩罚。例如《左传·成公八年》载："七年之中，一与一夺，二三孰甚焉！"《荀子·王制》有云："贵贱杀生与夺，一也。"《后汉书·符融传》也说："三公所辟召者，辄以询访之，随所臧否，以为与夺。"唐代韩愈《孟东野失子》诗中云："失子将何尤，吾将上尤天。女实主下人，与夺一何偏。"这些史料中的"与"和"夺"都是以相反的意思出现的。

但作为判官的考核标准之"与夺"，更多的应解释为一种裁决或决定的取舍。如《旧唐书·裴漼传》："琰之命书吏数人，连纸进笔，斯须剖断并毕，文翰俱美，且尽与夺之理。"白居易《论考试进士事宜状》："虽诗赋之间，皆有瑕病，在与夺之际，或可矜量。"在诸多的判词中，也经常出现或与或夺的选择问题。例如，豆其谷遂案中，制判者就强调"与夺要为合理"；阿刘守志有孕判中，作者也没有轻易给出判决结论，而是说"援情据

① 《大唐新语》卷八。

法，不可轻为与夺”；转运使与节度使争夺汴河的判词中，白居易也点明“利益斯见，与夺可知”。可见，判断当事人哪方胜诉，这就是一个与或夺的过程，而在此过程中应把握的一个准则就是要合理。那么，这里所合的应是什么“理”呢？除了常人所能接受的天理、道理、常理之外，本人觉得更为重要的是针对个案的特殊情况，而由判事者在权衡利弊之后所作出的一种取舍。这是一种选择，而作出选择的背后是判事者对给予或剥夺的价值考量。

（三）其他政治、经济、军事、外交因素对法律发现结果的影响

除了唐代的选官制度和对官吏的考课制度这两种主要的外在因素，促生了唐判的发展成熟之外，还有一些其他的政治、军事和外交等外在因素也影响着制判者的处事态度和断案立场。

1. 对威胁君权的案件绝不姑息纵容

对威害皇帝人身安全或是威胁皇权统治的犯罪，立法者的立场是非常鲜明的，那就是绝不姑息纵容，反过来讲，如果是出于对皇帝人身安全的保护或是与威胁君权统治的犯罪行为作斗争的人或事，立法者往往会轻视其合法性，更加强调它的正义性。而作为执法者，对于这类案件的处理态度在绝大多数情况下会与立法者的立法意图保持着高度的一致，即对这类犯罪要从严从重处理。本人对唐判进行过粗略统计，涉及威胁君权统治的犯罪的范围非常广，像官吏贪污受贿的犯赃罪、偷盗皇室器物的犯罪、冲撞皇帝仪仗的犯罪、谋反罪等类型，从中不难发现，对于这类犯罪都无情理可言，制判者更重视的是对此类犯罪的处罚。

但在这些判词中，也不乏特例存在。张鷟《龙筋凤髓判》中对左右羽林卫两起案件的处理可谓是观点独到，标新立异。

> ［判目］本卫状：顷者内有警急，羽林将军敬伟不避危险，斫门斩关，诛锄逆贼，肃清宫禁。元功盛勋，合加旌赏。

羽林将军敬伟就是羽林将军敬晖，该案是源于武周末年的一次真实的宫廷政变，即俗称的“五王诛二张”。[①] 张易之、张昌宗二人的宫廷政变被桓彦范、敬晖、左羽林将军李多祚、李湛及右羽林将军杨元琰等镇压，《旧唐书·桓彦范传》中说：“斫门斩关，冲击玄武门也；诛除逆贼，肃清宫禁。”可见，根据当时朝廷的主流意识，五王诛二张的做法是正义的，是值得褒奖的。但张鷟在他的判词中却专注于讨论这次政变的不法性，而不论其正义性。他认为敬晖等“不承制敕，辄入宫闱”“侮弄兵器，震动乘舆”的做法是不合法的，当然敬晖等不承制敕，惊动御驾也是事实，《资治通鉴》中记载：“太后惊起，问曰：‘乱者谁邪？’对曰：‘张易之、张昌宗谋反，臣等奉太子命诛之，恐有漏泄，故不敢以闻。称兵宫禁，罪当万死。’”[②] 但是，这些镇压谋反的人并没有受到则天皇帝的处罚，反而擢敬晖为侍中，加金紫光禄大

① 对于该案的真实历史背景，霍存福已经做过翔实的考证和介绍，此不再赘述。可详见其论文《〈龙筋凤髓判〉判目破译——张鷟判词问目源自真实案例、奏章、史事考》，《吉林大学社会学学报》1998年第2期。

② 《资治通鉴》卷二百〇七中宗神龙元年（705）正月。

夫，赐爵平阳郡公，食封五百户。[①] 但是，张鷟却始终强调敬伟等的行为是“论功虽则可嘉，议罪便当不敬。以勤补拙，终过重而劳轻，以力酬愆，即罪大而功小”，所以张鷟认为对敬伟的判决应该是“劳不足称，罪宜先结”。从此判决中，我们可以很清楚地看到张鷟对此案的态度是明显有悖于传统的主流意识的，当然这也只是张鷟针对本案的一己看法。

另一起案件的判目云：

> 又田达当讨救之际，索马不与，拒门不开，覆奏往来，宜失机速，合处极法，不伏。

此案与这起宫廷政变是有联系的。田达是羽林军的军官，掌有兵马，职当守门，因此能够“索马不与，拒门不开”。判目中要对田达处以极刑，原因在于他影响了镇压叛乱的进程，有助纣为虐的嫌疑。但张鷟却断其无罪。张鷟仍以是否合法作为判断的标准，他所说的“一兵一马，咸待行符，门闭门开，皆凭木契。循环复奏，务在从真，仓卒辄来，焉知非诈”，强调的正是这种“复奏往来”的程序性，而只认木契不认人的做法正是这种程序性的现实体现，所以田达的做法并不违法，另外，张鷟还认为田达是一个忠于天子的人，他“志节坚贞，天子之腹心”，只有这样的人才能“一心可以事百主”。于情于法，在张鷟看来田达都是无罪的。

通过上述张鷟所断的两个案例，我们不难发现，张鷟的判文

---

① 《旧唐书·敬晖传》。

采取了与当时舆论、朝廷的处置措施相左的立场。朝野上下认为镇压叛乱是正义之举，张鷟却偏论其不合法。有司断田达以极刑，张鷟却认为田达的做法合情合法，应断无罪。当然，通过历史资料，我们可知此次政变所涉及的人员不止敬晖、田达二人，只是张鷟有意选取此二人之事为正反两极，来表明自己对这一类案件的立场。

2. 对国家的绝对效忠影响军事类案件的裁决

唐代作为当时世界上屹立于东方的文明大国，从朝代之初就没有停止过与周边少数民族的战争。身为泱泱大国，胜利是战争的唯一结果，这就要求将士要英勇善战。即便不能取得胜利，也要战死杀场，只要将士战败而归，其下场往往是很惨烈的。如在武则天当政时的神功元年春天，清边道总管王孝杰、苏宏晖率领的七十万大军与契丹军于东硖石谷遭遇，史书上记述："孝杰遇契丹，帅精兵为前锋，力战。契丹引退，孝杰追之，行背悬崖；契丹回兵薄之，宏晖先遁，孝杰坠崖死，将士死亡殆尽。管记洛阳张说驰奏其事。太后赠孝杰官爵，遣使斩宏晖以徇。"[①] 从这段史料中，很清楚地看到唐政府对参战将士的态度，王孝杰虽中敌军计谋，但勇往直前，英勇善战，死后仍得到追封。而同为指挥将领的苏宏晖却临战而逃，武则天要遣使去处死他，幸亏苏宏晖后来将功补过，才逃过一死。再如，玄宗帝时，薛讷与契丹的一场战斗，因薛讷轻敌和判断错误导致战斗失败，薛讷却没有与将士"同生共死"，而是"与数十骑突围，得免"，薛讷也因此被人嘲讽谓为"薛婆"。后玄宗将与这场战争失败有关系的一干人

---

① 《资治通鉴》卷二百〇六则天神功元年（697）春。

等包括宣道、李思敬等八人全部处斩，庚子，敕薛讷免死，但削除其官爵。[①]

在唐判的写手中，涉及军事类案件最多的当属张鷟，而他对军事类案件裁决的态度亦是非常明确的。在左右武卫条中有一道“累石墙灌铁汁判”：将军任季上奏称于蔚州飞狐口累石墙，灌以铁汁，一劳永逸，无北狄之忧。张鷟在判词中明确自己的态度，他说：“乃欲出塞杜贼，闭涧防胡，累之以石墙，灌之以铁汁，长滋贼气，沮我军容，生敌国之凶顽，示中州之懦怯。”张鷟认为任季这种捉鸡不成反蚀米的做法是“上亏天道，下费人功”，谴责任季将皇威视为儿戏。此计不成，任季又上奏新计“请削橛于塞上数千里，钉以刺突厥马蹄，断贼北道”。张鷟耻笑任季说：“此愚夫之浅计，非达士之宏图。未陈英将之规，却被夷人之笑。”与之案情相类似的还有千里推冰判、重扩长城判、请停四镇判等，张鷟对这类案件的态度使然。他所强调的正是：在军事战争中要小聪明，欲走捷径克敌的办法都是行不通的。

白居易对军事案件的言判，态度多与张鷟相似。有判目云：

> 得乙为边将，虏至，若涉无人之地。监军责其无勇略。辞云：内无粮粮，外无掎角。

白居易痛斥边将乙胆小懦弱的退兵行为，他认为乙难逃法律的惩罚。

---

① 《资治通鉴》卷二百一十一玄宗开元二年（714）。

[判词] 封疆贵安，伍候尚警。苟不固吾围，则速即尔刑。乙登以将坛，镇于边垒，诚可戒严走集，罔有敌于我师；何乃启纳寇戎，若无人于吾地。是昧安边之略，信贻失律之凶。拳勇蔑闻，罪戾谁执？如或寇强师老，食绝城孤：期尽敌而还，且勤于坚守；苟知难而退，犹愈于覆亡。宜矜掎角之辞，难议建牙之罪。[①]

白居易的判词除了对临阵脱逃的将士给予谴责外，更多的是强调忠贞的人臣之节。例如，在饮遗药判中，白居易就认为景的做法有违忠贞。

[判目] 得景为将，敌人遗之药，景受而饮之。或责失人臣之节。不伏。

白居易在判词中说："军尚隐情，臣宜守道。景命受建牙，遇敌饮药；直虽可举，忠则不知"，景的做法有"失人臣之节"，"且坠宣尼之训"。

再如：得丁陷贼庭，守道不仕。赋帅逼之，辞云：尧舜在上，下有巢许。遂免。所司欲旌其节，大理执不。

白氏在判词中则认为大理寺的决断过于粗野，而强调人臣守忠的可贵。

① 《白居易集》卷第六十六。

［判词］臣节贵忠，国经懋赏；宜遵善道，难废彝章。丁陷在贼庭，强其禄仕：敦在三之义，因时难而名闻；守无二之忠，经岁寒而节见。逼夷齐以周粟，引巢许于唐臣。身以道存，情非利动。所当厚奖，何乃深疑？且人无不臣之心，所谓顺也；邦有惟重之典，其可废乎？从乱则必论辜，守道岂无旌善？野哉大理！信乃执迷。展矣所司！诚为劝沮。①

由此可见，唐政府这种求胜的决绝态度和对将士英勇献身的大无畏要求，势必影响到了全体民众对战争的认识——效忠于国家，忠诚于君主。而且这种肝脑涂地的忠诚绝对不是一句空话，它已经变成了一种精神，实实在在地存在于封建社会。缩小到判词的写作领域，这样的认识态度也当然会影响到制判者对军事类案件的裁决。

3. 恩泽万方的大国姿态对外交类案件的影响

对于战争的态度，大唐王朝是严肃的。面对敌人，毫无妥协可言。但是，对于外交事项，唐代朝廷又多以大国姿态出现，时时表露出恩赐与附属国的宗主国风范。

在唐代的对外交往中，贸易占有最为重要的地位。依托丝绸之路的便利和汉代以来的外贸传统，唐朝十分重视与周边各少数民族政权间的经济往来。唐初就开始与突厥、回纥以及西域的高昌、龟兹、疏勒等国进行贸易活动，曾经出现过“伊吾之右，波斯以东，职贡不绝，商旅相继”的繁荣景象。而在都城长安城

① 《白居易集》卷第六十七。

内，还设有专门的“西市”，供蕃商经营。此外，为了保护对外贸易的顺利进行，国家还出台了相应的法律制度来规制涉外案件，例如《唐律疏议·名例律》有“诸化外人相犯”条，此条对涉及外国人的案件，区分不同的情况，决定所应适用的法律，与现代国际司法中的“准据法”极其相似。

正是这种包容开放的对外政策，促进了唐朝经济的迅速强盛。而在这其中隐含的并不是完全平等的外交关系，这种外交关系是建立在诸小国对唐政府的尊重和遵从基础上的一种大国恩泽，此态度在唐判中体现得很明显。在《龙筋凤髓判》主客条中记载了这样一道判：

[判目] 鸿胪寺中土蕃使人素知物情，慕此处绫锦及弓箭等物，请市，未知可否。

[判词] 一人有庆，四海无虞。万国于是星驰，八方由其雾凑。乌孙合种，咸雁集于鸿胪，犬族振群，并蜂归于蛮邸。眷彼茅宇，开此藁街，即崇三揖之仪，爰设九宾之礼。祇如土蕃使者，实曰酋豪，蒙逊义渠之苗，秃发乌孤之族。占风入谒，越驼岭而输诚，就日来朝，隔驴山而纳款。观鹤绫之绚烂，彩映冰霜，睹凤锦之纷葩，光含日月。弯弧六合，犀角麋筋，劲箭三同，星流电激。听其市取，实可威于远夷，任以私收，不足损于中国，宜顺其性，勿阻蕃情。[①]

① （唐）张鷟：《龙筋凤髓判》，田涛、郭成伟校注，中国政法大学出版社 1996 年版，第 60 页。

这是一道较为典型的关于对外贸易案件的判词。判目中交代的核心问题是在唐代国内禁止流通的弓箭等违禁品能否作为外贸商品。弓箭等冷兵器之所以被列为违禁品，中国历朝历代均是出于国家和社会的安全考虑。而能否作为外贸商品尚无明确的规定。张鷟就此问题则从另外一个角度给出了解释。他在判词开篇就用“犬族”、“酋豪”、“秃发乌孤之族”来形容吐蕃，以此来强调吐蕃族的原始性和落后性。这样一来就更加突出大唐王朝的文明程度是吐蕃难以企及的。所以，吐蕃使者来华就有了“刘姥姥进大观园”的意味。而其要求以绫锦、弓箭等物请市，在张鷟看来完全没有必要紧张，反而可以借此来宣扬唐朝的威名，他说：“听其市取，实可威于远夷，任以私收，不足损于中国，”这自然就有了“宜顺其性，勿阻蕃情”的结论。

从此判中，张鷟多少流露出对蕃国的不屑和鄙视，隐含着身为泱泱大国之臣子的那份骄傲之气。在下面的这道判词中，这样的感觉就更加明显：

[判目] 鸿胪寺状称，默啜使人朝宴设番客，沙苑监李秀供羊瘦小，边使咸怨，御史弹付法。

[判词] 滔滔碧海，万穴于是朝宗；隐隐黄枢，百灵由其纳款。长城绝地，高阙凌空。塞而为险，控金微而作镇。龙荒景促，则飞雪千里；龟林沍寒，则木皮三寸。韦韝毳幕，人传食鼠之风；膻肉酷浆，俗染乘羊之化。登狼居而跋扈，台号单于；处马坂以延禨，地名光禄。千里辫发，望夷邸而争趋；五月披裘，瞻洛桥而下拜。圣朝仁以接物，德以和人，矜其属国之情，待以蕃臣之礼。李秀职编沙苑，位绾

> 牧司，辄隐肥羊，翻将瘦羚。一羊供国，罕见滋繁，三百维群，如何检察。羸肌薄毳，供旦饩而难充；瘠骨穿皮，济晨炊而无用。主簿之号，空睹其髯；大夫之家，独留其舌。遂使贤王结恨，耻大国之风轻；骄子相嫌，鄙中州之礼薄。宪司弹劾，允合公条；大理纠绳，固难私纵。①

这是一起沙苑监长官李秀违反外交礼仪的案件。在张鷟看来，问题的关键并不仅仅在于所供食的羊瘦小枯干，违反了朝宴的标准，而是这种做法严重有损于唐政府的形象，有愧于大国的风度。张鷟在判词的开篇仍然不忘对蕃国的贬损，他说的“韦鞴毳幕，人传食鼠之风；膻肉酪浆，俗染乘羊之化”正是蕃国落后之表现。而后张氏转而强调唐政府的外交态度，即是“圣朝仁以接物，德以和人，矜其属国之情，待以蕃臣之礼”，很明显这种以仁接物、以德和人的外交态度是建立在宗主国对属国的怜悯和爱惜之情上的，两者之间其实是另外一种君臣关系，并非平等的两国关系。所以，大国就应该有大国的风度，尤其是在招待属国使者上，应该力显大国的富裕和实力，让属国羡慕和折服。而区区一只瘦羊则会“使贤王结恨，耻大国之风轻；骄子相嫌，鄙中州之礼薄”，李秀的错误正在于此。故而，遭大理寺的纠惩也是应该的。

二 内在因素

以上论述了影响唐判形成，以及影响制判者法律发现之结

① （唐）张鷟：《龙筋凤髓判》，田涛、郭成伟校注，中国政法大学出版社 1996 年版，第 83 页。

果的几点外在因素。所谓外在因素，多与当时国家的政治制度有关，而身处当时时代的制判者，在作出某一案件的最终裁决时不可避免地会受当时“大潮流”的影响，当然这里也不乏特例的存在。

如果说一个时代的政治制度对于个体而言，是一个从接受到认识的被动过程，那么，主导个体主动思考和作出判断的则是其自身的知识水平和经验积累等内在因素，这些内在因素决定了人们在面对问题时所形成的是一个从认识到接受的主动过程。马克斯·韦伯曾说过：“一切经验表明，没有任何一种统治自愿地满足于仅仅以物质的动机或者仅仅以情绪的动机，或者仅仅以价值合乎理性的动机，作为其继续存在的机会。毋宁说，任何统治都企图唤起并维持对它的‘合法性’的信仰。”①这里的合法性主要包含三种性质，即合理的性质——建立在相信统治者的章程所规定的制度和指令权利的合法性之上，他们是合法受命进行统治的；传统的性质——建立在一般的相信历来适用的传统的神圣性和由传统受命实施权威的统治者的合法性之上；魅力的性质——建立在非凡的献身于一个人以及由他所默示和创立的制度的神圣性，或者英雄气概，或者楷模样板之上。② 中国古代国家统治的合法性恰是将合理性、传统性与魅力性三者合一而实现的。在儒家一贯强调的“修身、齐家、治国、平天下”的治国之道中，“修身”显然是根本。而具体到为官之人，所修之“身”除了像《大学》中所强调的伦理温

① ［德］马克斯·韦伯：《经济与社会》（上卷），林荣远译，商务印书馆1997年版，第239页。

② 同上书，第241页。

情外[①]，还应修行哪些方面呢？本人觉得，首先是要完善儒家的思想特质，其次是要扩充自身的知识储备，最后是要从为官经验中总结专业性知识。前两项的“修身”行为促成了儒吏知识储备上的共通面，而后者则因个人素质的差异而导致处理问题的观点和立场的不同。

（一）判词中所体现的儒吏知识储备的共通性

从汉代开始，随着新儒家思想成为正统思想，儒吏代替法吏的脚步也在加快，到了隋唐，又因科举考试的考试内容（前已论述），进一步巩固了官吏的儒性，唐高宗时，还在每年的策试中加入了《孝经》、《论语》等考试内容。[②] 正是这种整齐划一的人才培养模式，使得参加科举考试的文人学子在进入仕途之前，就已经形成了较为完备的儒家思想。儒家思想的特质就在于它那长幼有序、贵贱有别的“礼”秩序及“存天理，灭人欲”的正义观。[③] 儒家的理想社会是一个有差等、有分寸的等级社会，这其中既有存在于血缘关系中的生活逻辑，亦有存在于社会关系中的政治逻辑，而这两种逻辑的最惯常表现就是孝与忠。

作为可能成为或者已经是儒吏中一员的制判者而言，他们对忠与孝往往有着相同的理解。“精忠报国”是效忠于国家的最直接体现，前面部分已经有过论述。而在家庭层面上，妻子对丈夫的忠贞应该算是对忠的衍生理解。《甲乙判》中有这样一道比较

① 儒家“止于至善”的修身标准在《大学》中被划分的更为细致。《大学》中针对不同的人给出了“修身”的不同标准：“为人君，止于仁；为人臣，止于敬；为人子，止于孝；为人父，止于慈；与国人交，止于信。”

② 详细内容请查阅《资治通鉴》卷二百〇二高宗上元元年（674）冬。

③ 此处观点是对任喜荣《刑官的世界：中国法律人职业化的历史透视》一书第四章第一部分内容的总结，具体论述请参阅该书。法律出版社 2007 年版，第 63—70 页。

特别的判词：

> ［判目］得辛氏夫遇盗而死，遂求杀盗者而为之妻；或责其失贞行之节，不伏。
>
> ［判词］亲以恩成，有仇宁舍？嫁则义绝，虽报奚为？辛氏姑务雪冤，靡思违礼。励释憾之志，将殄雚蒲；蓄许嫁之心，则乖松竹。况居丧未卒，改适无文。苛失节于未亡，虽复仇而何有？夫仇不报，未足为非，妇道有亏，诚宜自耻。诗著靡他之誓，百代可知；礼垂不嫁之文，一言以蔽。无效尤于郏妇，庶继美于恭姜。①

辛氏为给遇害的丈夫报仇，将自己许嫁给能铲除凶手的人。而这种做法在儒家伦理中是行不通的，这是对自己丈夫严重不忠的行为。白居易在判词的开头也鲜明地点出了自己的观点："亲以恩成，有仇宁舍？嫁则义绝，虽报奚为？辛氏姑务雪冤，靡思违礼。"白居易认为辛氏一心报仇，却忘记了夫妻之情的重要，如果将自己另嫁他人，即便报了仇，但也已失去了意义。

可见，臣子对国家忠诚的体现正是保证统治合法性的魅力特质，而妻妾对丈夫的忠贞恰是这种魅力特质在夫权占统治地位的家庭内部的体现。

当中国古代人遇到忠孝不能两全的情况时，都会有一个痛苦的抉择过程，但结果往往是择忠弃孝。这也多少可以说明，在古

① 《白居易集》卷第六十六。

代人的价值观中，忠和孝应在同一位阶。但是，是不是在所有情况下，都要择忠弃孝呢？如果是在面对国家利益与自我利益相冲突时，当事人主动作出择忠弃孝的决定，旁人不置可否，往往会尊重当事人的决定并大加赞赏。但如果是对他人亦忠亦孝的行为加以判断时，情况就会发生变化，本书所引的三兄弟充边不事疾母判就是一个典型的例子，宋里仁三兄弟均为边关将士，且各在一所，老母只身扬州且患有疾病无人奉养。如何在尽忠与守孝两者间作出抉择，制判者给出了不同的答案："抚事论情，实抽肝胆。……法意本欲防奸，非为绝其孝道。"判词的言语中充满了儒吏矜老怜幼的哀矜思想，这种思想在具有相同教育背景的儒吏们间应该具有共同的认识。

但是不是所有的尽孝行为都应该褒奖呢？当然不是。尽孝也是有前提限制的，如果以尽孝为目的，行为违法，这样的孝行在当时也不会被接受。

［奉判］秦鸾母患在床，家贫无以追福。人子情重，为计无从，遂乃行盗取资，以为斋像。实为孝子，准盗法合推绳。取舍二途，若为科结？

［判词］秦鸾母患，久缠床枕。至诚惶灼，惧舍慈颜，遂乃托志二乘，希销八难；驰心四部，庶免三灾。但家道先贫，素无资产，有心不遂，追恨曾深。乃舍彼固穷，行斯滥窃，辄亏公虑，苟顺私心，取梁上之资，为膝下之福。佛是罪根，假贼成功，因赃致福，便恐人人规未来之果，家家求至孝之名，侧镜此途，深乖至理。据礼全非孝道，准法自有刑名。行盗理合计赃，定罪须知多少，少既无匹数，不可悬

科。更问盗贼，待至量断。”[①]

正所谓“羊有跪乳之恩，鸦有反哺之义”，在成年后，子孙当有能力、有义务供养自己的祖父母、父母等重服尊亲，使之衣食无阙，这是最起码的“孝行”。但以家贫而放弃赡养父母的责任，自当视为不孝之举，此为道德和法律所不容，《唐律》中有“供养有阙”条。此案中，秦鸾因母亲患病在床，家贫无力奉养，欲求佛祖保佑，“遂乃行盗取资，以为斋像”，为母亲祈祷祝福，从道德伦理上看，绝对是“天生孝举”。但是从法律上看，此行又的确为盗窃之罪，该行处罚。法官最后的观点是：“据礼全非孝道，准法自有刑名。”所谓“据礼全非孝道”，乃是认为秦鸾的这种行为按照“礼”的精神也未必就是孝行。进行偷盗，结果被人抓获，不仅贻父母之耻，还陷佛祖于“罪根”的境地。并且，制判者还考虑到了该案所带来的社会影响：“因赃致福，恐人人规未来之果，家家求至孝之名”，非但不足以教孝，而还会造成社会秩序的进一步紊乱。

从这个案例中我们可以看出，“孝”虽然是儒家思想的重要组成部分，但它作为道德规范的味道更浓一些，当与法律规范相冲突时，制判者会在分析案情的基础上，遵从法律之规定作出理性的判决。

（二）判词结论的趋同化体现儒吏对基本法律观的认同

在从“文人”向“儒吏”的转变过程中，以儒家思想作为思

① 杨一凡主编：《中国珍稀法律典籍集成》甲编，第三册，《文明判集残卷》，科学出版社 1994 年版，第 286 页。

考问题的基础，但在具体的司法实践中，更多的是秉持着法欲必奉的操作规则和儒法不得偏颇的法律理念。在唐判中，有许多判目中的案情相同或相似，而且制判者给出的判决结论也很接近，从中可以看出他们对一些基本法律观的认同。现举张鷟、白居易判词中的几例，加以比较说明：

1. 有关犯夜罪的一组判文

[张判判目] 左金吾卫将军赵宜检校街时，大理丞徐逖鼓绝后于街中行，宜决二十，奏付法，逖有故，不伏科罪。

[判词] ……赵宜名参列校，……既而鲸钟隐隐，路绝行人，鹤鼓咚咚，街收马迹。徐逖躬沾士职，名属法官，应知玉律之严，颇识勾陈之禁，岂有更深夜静，仍纵辔于三条，月暗星繁，故扬鞭于五剧。……付法将推，状称有故，但犯夜之罪，惟坐两条，被捉之时，曾鞭二十。元犯已从决讫，无故亦合停科。罪既总除，固宜从释。

[白判判目] 得甲夜行，所由执之。辞云：有公事，欲早趋朝。所由以犯禁，不听。

[判词] 趋朝有时，则当蚤作；防奸以法，宁纵晨行。虽夙夜之自公，岂警巡之可犯？甲陈力是念，相时斯昧：方鸣三鼓，知行夜之犹严；未辟九门，信将朝而尚早。趋进合遵于辨色，夙兴宜伺其启明。既爽时然后行，是必动而有悔。非巫马为政，焉用出以戴星？同宣子俟朝，胡不坐而假寐？宜遵街禁，用表司存。

张鷟的《龙筋凤髓判》和白居易的《甲乙判》中都载录了关于犯夜的案件判词，对于二位的用典多少和语言风格暂不做比较，独对制判者对案件的说理进行比较。大理丞徐逖犯夜判在文章前一部分已做详细论述，张鷟对此案的分析比较有层次，开篇点明大理丞徐逖行为的违法性；接下来再从身份和情理上来确认徐逖行为的违法性；再对徐逖所言的“有故”进行了驳斥；最后在判罚上张鷟显得严谨科学，入情入理，他适用“总除”原则，因为徐逖在“被捉之时，曾鞭二十。元犯已从决讫，无故亦合停科”，最终释放了徐逖。

白判的案情没有张判的复杂，说理过程也很相似，都是从确定行为的违法性入手，因为犯夜之人没有受过笞决，所以白判中不涉及总除的问题，着重围绕“有故”能否成立展开讨论。白判中指出：即使是因公事提早赴朝，也应该“趋进合遵于辩色，夙兴宜伺其启明”，显然这不是唐律解释中的“公事速急”的范畴。所以，白氏对此案给出的结论是“宜遵街禁，用表司存”，表明某甲应依犯夜罪科结。

比较张白二判的说理脉络后不难发现，二者并无差别，均强调犯夜行为的违法性以及犯罪行为人的主观故意心态，并且力证犯罪行为人所言的“有故”与律文中的要求是不符的，最后都作出了有罪的判决。

2. 有关稽缓制书罪的一组判文

[张判判目] 左司郎中许鉴饮酒停制，敕依问，款称遇霍乱，不得判署，遂失机。

[判词] ……许鉴位膺列宿，……承万机之要务。……

岂得不存恭肃，自纵荒淫。放旷鸚鹉之杯，淹停凤凰之制。恪居官次，……职务不修，……绐云霍乱，未可依凭；滞失机宜，理从明宪。

［白判判目］得甲为所由，稽缓制书。法直断合徒一年。诉云：违未经十日。

［判词］王命急宣，行无停晷；制书稽缓，罪有常刑。将欲正其科绳，必先揆以时日。甲懈位败度，慢令速尤：蓄怠弃之心，既亏臣节；蕴骏奔之命，自抵国章。然则审时勾稽，考程定罪；法直以役当期月，所由以违未浃辰。将计年以断徒，恐乖阅实；请据日而加等，庶叶决平。是曰由文，俾乎息讼。

张判中的案情比较简单。该案应适用哪条律文，显然张鷟也非常熟悉。《唐律疏议·职制》“稽缓制书文书条”规定：“诸稽缓制书者，一日笞五十（誊制、敕、符、移之类皆是）。一日加一等，十日徒一年。疏议曰：制书，在令无有程限，成案皆云‘即日行下’，称即日者，谓百刻内也。写程：‘通计符、移、关、牒，满二百纸以下，给二日程；过此以外，每二百纸以下，加一日程。所加多者，总不得过五日。……’成案及计纸程外乃停者，是名‘稽缓’，一日笞五十，一日加一等，计六日杖一百，十日徒一年，即是罪止。”而这道判词所说“淹停凤凰之制”中的“停”，正与疏议中的“成案及计纸程外乃停者”中的“停”相符。这足以证明，张鷟在看到本案时就已经找到了适用于本案的法条。接下来重点是分析罪犯诉称的“遇霍乱”能否构成免罪事由。从该律文的规定看，“稽缓”是不分故意和过失的，它所强调的是行为结果，只要发生稽缓的事实即构成该罪。而许鉴“自纵荒淫。放旷鹦鹉之杯”，未能判署“即日下行”，符合律条之构成要件，并且张鷟进一步强调许鉴“位膺列宿，承万机之要务”却骄奢淫逸，自由放纵，这是严重的渎职行为。可惜许鉴非但不诚信悔过，还要狡辩逃刑，对他的判罚只能“理从明宪”。

张判的重点在于确定许鉴的犯罪行为是否构成稽缓制书罪。而白判的重点却不在于定罪，而在于量刑。判目中“稽缓制书”罪已定，分歧点在稽缓的时间上，白居易也强调“将欲正其科绳，必先揆以时日”，这也是该律条规定的又一重点所在。白氏所给出的结论“请据日而加等”非常明确地支持了甲的申诉理由，反对原判的任意结判。对张白二判稽缓制书罪的比较，会发现虽然一个侧重于定罪，一个侧重于量刑，但二者都是深谙律条的行家里手，二人说理论事都直击重点，流畅高妙。

3. 有关泄露机密罪的一组判文

> ［张判判目］中书舍人王秀漏泄机密断绞，秀不伏，款于掌事张会处传得语，秀合是从；会款所传是实，亦非大事，不伏科。
>
> ［判词］……张会掌机右掖，务在便蕃；王秀负版中书，情惟密勿。……张会过言出口，驷马无追；王秀转泄于人，三章莫舍。若潜谋讨袭，理实不容；漏彼诸蕃，情更难恕。非密既非大事，法许准法勿论。待得指归，方可裁决。
>
> ［白判判目］得丁私发制书，法司断依漏泄坐。丁诉云：

非密事，请当本罪。

［判词］君命是专，刑其无小；王言非密，罪则从轻。丁乃攸司，属当行下：不慎厥德，擅发如纶之言；自灾于身，难求疏网之漏。然则法通加减，罪有重轻：必也志在私行，唯当专达之责；如或事关枢密，则科漏泄之辜。请验迹于紫泥，方定刑于丹笔。

漏泄机密自古都是刑法归罪的重点，唐代已然。根据《唐律疏议·职制》“漏泄大事应密条”的规定：“诸漏泄大事应密者，绞（大事，谓潜谋讨袭及收捕谋叛之类）。非大事应密者，徒一年半。漏泄于蕃使者，加一等。仍以初传者为首，传至者为从。即转传大事者，杖八十；非大事，勿论。”从唐律中的该条规定可归纳出如下几点：首先，漏泄罪的归罪对象是“大事应密”而泄漏者，非大事不构成该罪；其次，根据“大事”的秘密等级量刑；再次，区分传递对象的首从。而张判正好是对该律文的一次印证。王秀自己强调了两点：一他是从犯，“款于掌事张会处传得语，秀合是从”，二所传“亦非大事”，这些都是律文中明确的减刑或免刑规定，张鷟一一加以分析。其中分析的重点一是认定王秀是“转传者”而非“传至者”，“王秀转泄于人”正说明其行为仅仅是转传；二是认定王秀转传的内容并不在律文中“大事”的解释范围之内，故根据法律“非大事，勿论”的精神，张鷟纠正了对王秀的不公判决。

白判的讨论重点是认定此罪还是彼罪的问题。这里涉及另外一条法律规定，《唐律疏议·杂律》“私发制书条”：“诸私发官文书印封视书者，杖六十；制书，杖八十；若密事，各依漏泄坐减二等，即误发，视者减二等；不视者不坐。”显然，私发制书罪与漏泄制书罪是有区别的，漏泄罪的重点在于制书的秘密等级要高出私发制书罪很多，漏泄罪的制书为秘密制书，而私发制书罪的制书只是一般制书，而且漏泄罪的打击重点是通敌谋叛型的犯罪，而私发制书罪犯罪动机和处罚目的都不在于此。私发与误发的区别在于有无主观故意，且误发还分为视和不视两种量刑。但该案中丁属私发，显然是故意而为之，故而误发的问题并不在该判词的讨论之列。白居易显然对这两条法律规定的区别是非常清楚的，如果丁所发的是秘密制书则构成漏泄制书罪，如果丁发的只是一般制书，则仅构成私发制书罪。所以，白居易给出的最后处理意见是“如或事关枢密，则科漏泄之辜。请验迹于紫泥，方定刑于丹笔”，即要求在弄清制书性质后，再做判决。

通过上述三组判词的分析比较，不难看出，身为选人榜样和儒吏代表的张鷟、白居易，他们对相同或相似案件的处理态度上是非常相似的，运用法律的方法和技巧也一般无二。如果将比较的对象扩大到整个唐代的官吏群体，会不难推断，享有相同的教育资源和学习经历所导致的直接结果是儒家的价值观和人生观在广大为官之人的思想中已经成型，尔后的法律专业化训练，又使得其中一部分人形成了大体一致的法理观，那就是以儒家思想作为处理案件的指导思想，但在解决具体案件时，儒、法之间不得偏颇，是否严格适用律文，依狱状而定，即应严决定于状；儒家的哀矜之情何时凸显，则由案情的特殊性而定，即应宽决定于情。

（三）判词的个性化体现出制判者不同的个人素质

然而，由于个人认识事物的视角和知识水平的高低不同，在有些案件的处理中还能看见制判者个人素质的差异性。现以贞元十九年的考题《毁方瓦合判》[①] 为例，列出参加此次考试的主要考生的判词，对比论证因个人素质的不同而对判词写作所产生的影响。

[判目] 太学官教胄子“毁方瓦合”，司业以为非训导之本，不许。

[白居易的判词] 教惟驯致，道在曲成。将逊志以乐群，在毁方而和众。况化人由学，成性因师：虽和光以同尘，德终不杂；苟圆凿以方枘，物岂相容？道且尚于无隅，义莫先于不翙。司业以训导贵别，或虑雷同；学官以容众由宽，何伤瓦合？教之未坠，盖宣尼之言然；文且有征，则戴氏之典在。将劝学者，所宜韪之。

[元稹的判词] 教以就贤，虽无黩下，俾其容众，则在毁方。太学以将务发蒙，宜先屈己。君子不器，须怀虚受之心；至人无方，何必自贤于物。爰因善诱，式念思恭，将戒同尘之诫，遂申合土之誉。况卑以自牧，仲尼尝述于为儒；礼贵用和，子张亦非于拒我，义存无傲，道在可嘉，长善之本不乖，成均之言何懵。

[哥舒恒的判词] 敬业服勤，冀闻立身之本；传经作诫，宁违从众之规。惟彼国庠，典夫胄子。以为公侯之允，自伐淹中；谓其礼乐之家，难为人下。故毁方瓦合，承圣人之

① 在徐松的《登科记考》卷十五（贞元）十九年《诸科六人·拔萃科》中云：“是年试《毁方瓦合判》，详见《文苑英华》”。

情；使慕贤容众，臻儒者之旨。正唯弟子可学，何虑成均见非。

［吕颖的判词］国崇太学，礼尚师儒。教失其源，人将安放。学官懵夫古训，好是多方。徒探儒行之辞，俾从瓦合；罔思絜矩之道，不改松心，虽百行殊途，在来者之所择，而四教阐载，何先师之不遵。苟训导以生常，毁方之易性。乐正禁之非礼，亦有明徵；胄子顺以向方，幸无迷复。

［崔玄亮的判词］学于是专教，所以立信尊贤；可上在易性，难从眷彼儒流。职司教学，诚宜警不及之诫，惧将落之辞。苟毁方以为心虽容众，而奚用且非善诱。在传授而则乖鲁，是诡随于博裕，而何有不可以训。无易由言，请从司业之规，无取学官之见。

何谓“毁方瓦合”？此语对古代文人来说并不陌生。在《礼记·儒行》中有：“慕贤而容众，毁方而瓦合，其宽裕有如此者。”郑玄注云：“去己之大圭角，下与众人小合也。”后世也经常在文章中加以引用，如清人方绚所著的笔记小说《香莲品藻》，其中就有：“家家踏月，户户凌波，然践规判矩，毁方瓦合，譬诸草木，区以别矣”的词句。[①] 毁方瓦合，从字面上解释就是，毁去棱角，与瓦砾相合。此后用以比喻屈己从众，君子为道不远离于人。那么，是要让别人来“慕贤”还是放下身段去“容众”，显然上述五位有着自己不同的见解。

---

① http：//www.360doc.com/content/10/0307/19/207370_17909488.Shtml，2010 年 9 月 2 日。

白居易、元稹和哥舒恒支持老师教导学生“毁方瓦合”的做法，而吕颖和崔玄亮则持反对意见，认为有司的怪责是对的。虽然五位有支持有反对，但他们所给出的理由和看待此问题的立场却各持一词。

白居易认为人性乃天生固有，若让其作出改变得靠后天的学习，这个时候老师的重要性就凸显出来了，“况化人由学，成性因师”说的就是这个意思。而该问题的关键，白居易认为是老师要教导学生从哪方面去屈己从众。他认为要有一定的保留，并不能把自己的所有都同化掉，其中“德性”是不容从众的，白氏所说的德性，指的应是学生的个性，“虽和光以同尘，德终不杂”，在这一问题上不能方枘圆凿。此外，白居易还认为，学馆和有司站在了不同的角度来看待“毁方瓦合”这一问题：有司强调的是要突出学生的个性，而学馆更关注于对学生“容众”的培养。对此问题，白居易给出了自己的理解，在保留学生自我个性的前提下，学馆做适当的容众培养是可以的，他说：“教之未坠，盖宣尼之言然；文且有征，则戴氏之典在”。

元稹对学馆“毁方瓦合”的教育方式也给出了理解和支持。他着重论述了“贤”和“众”的关系问题。他说：“太学以将务发蒙，宜先屈己。君子不器，须怀虚受之心；至人无方，何必自贤于物。”意思是说即便是君子贤人，也应该放下身段与大众融合，要学会虚心接受。但是，元稹认为一味地屈言逢迎也是不符合儒家精神的。他以孔子弟子子张的故事为例，来加强自己的论说。子张鄙视品德修养低下的人，他认为缺乏道德，行为不坚强的人有了不为多，没有不为少。但他生活上却不拘小节，不讲究外观礼仪，不追求衣冠整洁美观，随和从俗。可见，元稹更希望学馆教出更多像子张一样的人。

哥舒恒的论点则直接来自于《礼记·儒行》，“使慕贤容众，臻儒者之旨”就是援引了《礼记·儒行》中的“慕贤而容众”这句。哥舒恒认为，做“敬业服勤”、“传经作诫”这样的事情，不需要迎合众人，可以标新立异。但现在所讨论的是学馆如何教育学生的问题，那就不是一回事了。所谓的王公贵族、圣贤之家，如果一味的孤傲自居，脱离群众，最后就会淹没在自我的虚荣之中，不被百姓所接受。所以，对这一问题，哥舒恒认为毁方瓦合是“承圣人之情”，成均（古时对学馆的雅称）所做无过。

以上三人从不同的角度论证了“毁方瓦合”的必要性。

吕颖反对学馆“毁方瓦合”的做法。他的态度很明确，而且语气也很强硬。他在开篇就说：“国崇太学，礼尚师儒。教失其源，人将安放”，意为儒学作为国学，应是老师教导的根本，而学馆却找错了教育的源头，这怎么能教出真正的儒生呢？吕颖坚信，儒生应好多方，要有自己鲜明的个性；毁方易性，这是违礼的做法。所以他提醒学生“胄子顺以向方，幸无迷复”。

此外，崔玄亮也反对“毁方瓦合”，只是他的论据显得有些直白无力。他认为学馆的任务就是要教学生“警不及之诫，惧将落之辞”，像毁方瓦合这样的教学内容并非善诱。所以，崔玄亮在判词的最后给出了“请从司业之规，无取学官之见”的结论。

比较上述五人的答卷后，不难看出虽然同受儒学教育，但在处理具体问题上确实存在个体上的差异。白居易看待问题相对比较全面深刻，在处理问题上比其他几位老练成熟，判词的写作水准也略胜一筹。元稹、哥舒恒和吕颖则是儒学教育下的“高才生”，在他们判词的字里行间，随处可见他们所崇尚的仲尼之礼和圣人之情。崔玄亮的判词相对上述四人的而言，则略显逊色，一是所设论点比较狭隘；二是论据苍白无力。

当年此五人的考试成绩也是评价他们水平和能力的佐证。如本章前部分交代白居易于贞观十九年入等书判拔萃科，被授予秘书省校书郎。而元稹在同年以平判登科，等第为第四等乙科。而吕颖和哥舒恒均在敬宗朝时才擢书判拔萃科。[①]《旧唐书·崔玄亮传》中载："贞元初同登科，崔君名最在后"，所指正是贞元十九年同登吏部科目选事之事。[②] 时崔玄亮为同时登科八人中最后一名，故在诗中笑云："人间不会云间率，应笑蓬莱最后仙。"

综上所述，影响唐判的数量和质量的因素是多方面的。其中，外在因素多为当时国家社会的大环境，不容人们有所选择，但也正是这样一种政治制度促生了唐判写作的发达。内在因素的影响则是深远的，它注重从根本上培养国家所需之人才，使那些有机会进入仕途的"文人"通过判词的写作练习来强化自身的法律专业知识，主动思考解决问题的方法和技巧，这既有助于从文人向儒吏的身份转化，又有助于其向真正的司法实践工作顺利过渡。

---

① 《全唐文》卷七四〇。

② "贞元初"当为"贞元末"，王勋成对此时间做过校正。具体详见其论文《白居易〈寄陆补阙〉诗考释》，《兰州大学学报》（社会科学版）2002年第4期。

第六章　拟判对实判的影响

如前所述，大量存世的唐代判词多为拟判。拟判顾名思义是摹拟的判文，其发源之初是为准备铨选考试而作。唐代的拟判与众不同之处在于它兼具功能性与文学性，判词本身的功能性就是裁定事理，辨明是非，一般用于司法判决的演练，有时也出现在处理公务等日常杂事上；而唐判的文学性则是对六朝以来骈文写作风气的继承，虽然唐代有过古文运动，但骈文的地位并未受到根本的动摇。在本书前几章所列举的大量判文中可见，判词本身均是四六对仗的短论，判词中多用典故、对偶等语言表达形式。有学者认为，判作为一种文体，具有特殊的文化意义。一方面，它是文人走向仕途，实现自己价值所必须掌握的基本技艺；另一方面，判体的骈偶形式，非常适合文人表现自己的文学语言能力。判文可以反映出士人学问识见、分析能力与语言表达能力，判是兼“立功”与“立言”于一身、应用性与文学性并举的特殊文体。[①]

① 吴承学：《唐代判文文体及源流研究》，《文学遗产》1999 年第 6 期。

由此可见，唐判之所以能够形成独有的文化特质，是多种因素综合作用的结果。其中，唐代的择人方式和标准推进了唐代拟制判词向功能性和专业性迈进的步伐；而文人所特有的文学气质又为唐判注入了独有的文体色彩。抛开唐判的文学性不谈，制判者在这种拟制的司法判决场域下，运用多种法律方法来发现和适用法律于个案，这是唐判功能性中的最主要方面。当然，拟制的判词毕竟不具有真正的法律效力，而唐人多热衷于拟制判词的写作，这对真正的司法判决会有何帮助？拟判与实判之间是否存在差别亦又有何联系？拟判中的法律发现方法在实际判决中是否得到运用？拟判对宋、元、明、清封建后世的判词发展又有何贡献？甚至对我们今天的司法改革会有哪些借鉴？围绕唐代判词的诸多问题亟待解决。

一　唐代拟判对实判的影响

（一）对实判的认定

本书研究的对象是唐代的拟制判词，唐代的拟判无论是从数量上还是质量上都超过了中国古代社会的其他朝代。判文这种司法文体形式虽然早在唐以前就已经形成，但遗留下来的却寥寥无几，究其原因，或是因为唐之前尚未形成讲究的拟判，或是因为实际的判决语言过于质朴粗糙，不符合唐人的审美标准，总而言之，到了唐代，情况完全不同。除了拟判大量存世之外，唐代也存在实判，只是在数量上远不及拟判，现只能在一些古籍中寻觅一二。

实判与拟判的区别在于两者的应用范围和对象不同。实判来源于真实生活，且具有实际功效，而拟判更像命题作文，旨在提升制判者的写作水平和工作能力。有学者还对实判进行了进一步的划分，将其分为案判、杂判和花判。[①] 案判是指当时官员在处理案件或公务中实际写作的判文，其与拟判的功能性联系最为紧密，而且存世的唐代实判中，案判所占比重也最大。例如，贞观中，全城坊有人家为胡所劫者，久捕贼不获。时杨纂为雍州长史，判勘京城坊市诸胡，尽禁推问。司法参军尹伊异判之曰："贼出万端，诈伪非一。亦有胡着汉帽，汉着胡帽。亦须汉里兼求，不得胡中直觅。请追禁西市胡，余请不问。"纂初不同其判，遽命，沉吟少选，及判曰："纂输一筹。余依判。"俄果获贼。[②] 再如，唐永泰年间，肃州与甘州因粮食交易发生纠纷，河西巡抚对此事的书面处理是："邻德不孤，大义斯在。边城剋守，小利须通。岂唯甘、肃比州，抑亦人烟接武。见危自可奔救，闭糴岂曰能贤。商贾往来，请无壅塞。粟麦交易，自合通流。准状，仍牓军、州，切勒捉搦。少有宽许，当按刑书。"[③] 可见，案判多以实用、中肯、解决问题为目的，故大多案判是辞达而已，简明扼要。

杂判则指那些非正式处理的案件或公文，是在日常生活中针对某些事情有感而发的判文，如，有史载唐狄仁杰倜傥不羁，尝授司农员外郎，每判事，多为正员卿同异。仁杰不平之，乃判曰："员外郎有同侧室，正员卿位擅嫡妻，此难曲事女君，终是

① 对实判的分类，本人借鉴了吴承学的分类结论，详情可见其论文《唐代判文文体及源流研究》一文，《文学遗产》1999 年第 6 期。

② 《大唐新语》卷九。

③ 杨一凡主编：《中国珍稀法律典籍集成》甲编，第三册，《唐永泰年代河西巡抚使判集》，科学出版社 1994 年版，第 329 页。

不蒙颜色"[1]，此为典型的杂判。杂判往往是以判的形式写成的随意性很强的杂感，在形式上不拘一格，但仍保留了拟判中的骈语。

此外，古人还把某些唐判称为"花判"。《容斋随笔》卷第十"唐书判"有载："世俗喜道琐细遗事，参以滑稽，目为花判。"可见，花判以其独特的叙事风格而有别于其他判词，花判之"花"，除了滑稽之外，可能还应该指各色琐细繁复之意。花判可能是案判，也可能是杂判，可实录，可虚构，亦可演绎。因此，花判与上述所言的拟判、案判与杂判实属不同的分类范畴。由于花判往往以其判词的语言才思和思考的机智幽默而吸引人，所以这类判更近于街谈巷议，一般笔记杂录小说之中多有记载。如《太平广记》中记载了这样一则故事：唐李据……因岁节索鱼不得，怒追渔师，云："缘獭暴，不敢打鱼。"判云："俯临新岁，猛兽惊人。渔网至宽，疏而不漏。放。"又祇承人请假，状后判云："白日黄昏须到，夜即平明放归。"祇承人竟不敢去。又判决祇承人："如此痴顽，岂合吃杖，决五下。"人有语曰："岂合吃杖，不合决他。"李曰："公何会！'岂'是助语，共之者何别?"[2] 正如洪迈所说"琐细遗事，参以滑稽"，花判多是文人或官场的逸事添以作料，其幽默滑稽近于笑话，反映出当时文人雅谑之风的一面。

（二）拟判与实判之间的差别与联系

从上述对实判的分类中可以体察得到，实判并非是拟判的现

① 《太平广记·御史台记》卷二五四。

② 《太平广记·卢氏杂说》卷二六一。

实版，两者之间既有同源性，也有一定的差距。拟判多为虚构的案情，做判的目的是为了如何能够将问题解决得尽善尽美，这其中制判者不但要考虑如何适用法律规定，更要有巧妙的构思说理的逻辑和用典的语言。所以，我们多见的拟判往往是辞藻华丽，说理用典充分的“作品”。而实判，尤其是案判则不同，此举案判一例说明之。杨虞卿为京兆尹时，市里有三王子，力能揭巨石。遍身图刺，体无完肤。前后合抵死数四，皆匿军以免。一日有过，杨令五百人捕获，闭门杖杀之。判云：“鏨刺四肢，只称王子，何须讯问，便合当辜。”①由此例可见，案判的关注点是如何解决实际案件，如何发挥法律的实际功效，它不太讲求语言上的精致，在表达形式上也没有严格的要求，或简或赅，或骈或散，其对案情的记录可详可略。大致而言，实判尤其是案判通常是以不甚讲究的简短的骈文写成，有的甚至用口语化的片言只语信手而成。

但是，由于受到拟判与当时文风的影响，唐人案判也可能写得非常工整，富有文采。其中最有名的当属颜真卿断杨志坚妻求离判：

[事件梗概] 颜鲁公为临川内史……邑有杨志坚者，嗜学而居贫，乡人未之知也。山妻厌其饘藿不足，索书求离。志坚以诗送之。其妻持诗诣州，请公牒以求别适。

[判词] 鲁公按其妻曰：“杨志坚素为儒学，遍览九经。篇咏之间，风骚可摭。愚妻睹其未遇，遂有离心。王欢之廩

① 转引自吴承学《唐代判文文体及源流研究》，《文学遗产》1999年第6期。

既虚，岂遵黄卷；朱叟之妻必去，宁见锦衣。污辱乡间，败伤风俗，若无褒贬，侥幸者多。阿王决二十后任改嫁，杨志坚秀才赠布绢各二十匹，米二十石，便署随军，仍令远近知悉。”江右十数年来，莫有敢弃其夫者。①

断杨志坚与妻阿王离婚案，是一件真实的案件。颜真卿对此案所下的判词可谓用典精工、辞藻华美，这本身就是一篇文采超群的骈文，此点与拟判无异。但该案的用词又不像有些拟判那样晦涩难懂，毕竟让当事人听懂判决的结果，这是实际判决的基本目标。由此可见，拟制判词的写作形式比较统一，并且唐人也比较重视拟判的写作要求，而在实判中则表现出形式的随意性和文体的多元化，其中案判的表现最为明显。总而言之，唐代的拟判与实判是同中有异的。

（三）拟判中的法律发现之方法在实判中是否得到运用

本书较为全面地论述了唐代拟判中法律发现的步骤和一系列方法，但这些法律发现的方法是否在真实案件的处理中得到了贯彻实施，这是一个不可回避的问题。

拟判是因选官制度而生，因考核制度而存在。拟判好比是一篇篇命题作文，制判者不厌其烦地完成这些命题作文，目的是为了强化自己的吏能，在吏能得到提升之时，转而在判词写作中提高自己的文采，使这周而复始的训练形成良性循环。诚如梁治平先生所说：“书判之为文章，实在是很特别的一类。就其中与狱讼有关者言之，案情固然出于虚构，应对者却要设身处地，假作

① 转引自吴承学《唐代判文文体及源流研究》，《文学遗产》1999年第6期。

判官。更重要的是，应试者一朝入仕，听讼折狱正是他须要亲自去做的一件事情呢。”[①] 这也就是说，拟判中所运用的法律发现之一系列方法是一种能力的培养，是对经验性知识的一次“原始积累”，制判者更注重的是对自身“法律感”的养成。而一旦进入实战，就必须要拿出自己平时炼成的这些“武器”来应对。现举一例说明之。

> 建康尚书割留毯三百段，称给付将士，不具人姓名。分给牒布，不具人名。既无节约，系称用尽。事涉瓜李，法在根寻。准状，牒建康并牒董芳蘭，切推问给赏事由上。如相容隐，当别科书。[②]

此为河西巡抚在永泰年间对建康长官贪留毯布的处理意见。此判词的写作程式和语言风格与拟判极其相似，既注重对案件事实的叙述，又在法律的运用上不喜直白。在阅读过此判之后，能够找到唐代拟判的痕迹。所以，拟判中的法律发现之方法在实际判案中不是没有用，而是制判者将其转化为了“只可意会，不可言传”的经验性知识，用这些经验性知识来指导实际判决。

二　唐代拟判对后世判词发展的影响

（一）宋代判词对拟判的承袭和摒弃

到了北宋，判作为一种文体形式，被保留了下来，其性质仍

① 梁治平：《法意与人情》，中国法制出版社 2004 年版，第 163 页。

② 杨一凡主编：《中国珍稀法律典籍集成》甲编，第三册，《唐永泰年代河西巡抚使判集》，科学出版社 1994 年版，第 331 页。

未发生改变。从宋人的书目文献中，可以看出在北宋时期，仍保持有大量的唐代判文集，而且宋人对此相当重视，如郑樵在《通志》中把判作为一种比较重要的独立文体，分类收录，他在卷七十“艺文”八专门设“案判”一类，收录案判共二十部七十九卷，其中有我们熟悉的骆宾王、郑宽、白居易、崔锐、张鷟所写的判词集，还有我们略感陌生的马幼昌、张伾、方仲舒、周明辨、吴康仁、毛询等人的判词集；再如吕祖谦《宋文鉴》卷一百二十九收录余靖、王回所作的书判八篇。虽然以上所举大部分人的书判没有被保留下来，但至少给我们展示了唐代拟判在宋代留传的痕迹。

然而，随着唐代拟判向着重文体轻功能的方向发展，它所存在的脱离社会现实的缺陷越发凸显，这也促使一部分士大夫开始着手对其进行改革。这样，从北宋中后期就开始出现了从新的立场对文章和时事及法律问题进行思考和写作的运动。就判词的写作方面，出现了两种新的现象：

第一种现象是一些士大夫将前代明敏断狱、平反冤案的记载汇集成书，如和氏父子的《疑狱集》和后来更为著名的郑克的《折狱龟鉴》，再到后来桂万荣的《棠阴比事》，这些书籍曾引起过最高统治者的重视，其中的案例都来自于正史和相关笔记，内容比较丰富。

第二种现象是将自己的判词收集并保存起来，编入自己的文集，传于后世。《名公书判清明集》中的四十九位作者，大多是这种类型。

此外，《名公书判清明集》还成为此次文学改革的阶段性标志，它的成书，不再是供士人应试之用，而是成为为官者断案的参考，其中入选的案例，不在于文章的优劣，而在于断案是否“清明”。到了南宋，重注对法律和社会问题思考的实判占据了书判的主导地位。

总结唐代拟判在南宋开始衰落的原因主要有二：

第一，唐代判书特殊文体的形成，在很大程度上是为了适应科举考试的需要，拟判的发达更多的是满足考生的应试心理，尚未触及判书对司法实践的影响。而到了宋代，科举考试已经趋于成熟完善，人们不再满足于为选官应运而生的拟判形式，人们更加渴求的是为官之后对实际断案能力的考察。所以，由士大夫进行的判书改革势在必行。

第二，从语言学角度讲，唐代的拟制判书采用的是骈体文形式，而骈文的特点就在于辞藻华丽，善用典故，这样过于文学化的语言暴露了人们对形象、感情的刻意追求。而司法判词则是一种针对性强、体现实用性和功能性的公文语体，在司法判书语体系统下，文学语体的渗透恰恰是一种干扰。“通过科举考试选拔上来的古代知识分子，他们把强大的吟诗作赋传统带入了司法领域，在司法语体与文学语体的张力中，两者被相互消化。对于广大知识水平有限的民众来说，判词中的用典、音韵恰恰妨碍了他们对司法判决的理解。正是由于拟判本身存在难以逾越的弊端，所以用实判取代拟判是一种客观必然”①。

（二）明清判词中的复古倾向

明清判词的复古倾向缘于宋人的文体改革，故而像《名公书

① 赵静：《语体的系统整合——以古代判词为基本依据》，《修辞学习》2003年第3期。

判清明集》这类写实性判词成为了宋代尤其是南宋时期书判写作的主流形式。但是，当时的仕人似乎并没有对唐代的判文形式给予完全的否定和抛弃。北宋的苏东坡做杭州通判时，有一次，他曾审判过一起风流和尚杀人案。当全案调查完毕，证据呈给苏东坡时，苏东坡不禁把判词写成了这样：

> 这个秃奴，修行忒煞，云山顶空持戒。只因迷恋玉楼人，鹑衣百结浑无奈。毒手伤心，花容粉碎，色空空色今安在，臂间刺道苦相思，这回还了相思债。[①]

苏东坡把判词写成了小调儿，这种做法显然是不能被《清明集》的作者们所接受的，但从苏东坡先生的这道判词中我们窥见，虽然大部分制判者的写作立场已经由应试和入仕向司法实务转移，但判词本身仍然保留了浓重的文学色彩，有些判词的写作手法甚至是对唐判的一种延续，可见，在经历宋代文体改革的同时，唐判的这种文体风格并没有陨灭。

到了明代，这种现象就更为明显。与《名公书判清明集》同时重刻的还有《龙筋凤髓判》。对这两种不同的书判类型，明代人并没有偏爱于某一方。在万历年间，还有人为复刻的《龙筋凤髓判》作了一篇序，其文曰：

> 夫艺林一语，微踰禁脔。斑管片言，芳同芍药。故冯真写臆，度金石而俱铿，摭实摅辞，并贞明而不毁。况乎

① 林语堂：《苏东坡传》，张振玉译，现代教育出版社 2007 年版，第 153 页。

据案濡毫，临时措语，凶吉繇乎挥洒，升坠系于毫芒。苟非鉴出至明，洞无遗照，何以压人心于一世，树公论于千载乎？故并判为士尚，盛自前朝，而取列诸科，制仍昭代。盖自服官莅事，势所当工，逢掖待扬，理宜先熟者也。①

序文的前半部分是在赞叹张鷟文章的精妙，后半部分是慨叹其治道之极。在这位序人看来，张鷟的判词文学性与功能性并无断裂，而且《龙筋凤髓判》也不仅仅只是好文章，其更关注于对后人吏能的训练和如何成为良吏的教诲。

清人判牍传世的较多，拟判与实判平行发展的二元模式愈加明显，在一些清人的眼中，唐判的风采能够而且已经融入了实际的法律生活之中。例如在清人蒯德模撰写的《吴中判牍》、名士樊增祥的著作《樊山判牍》中风格与样式与唐判接近的判词并不在少数。冯友兰先生回忆其父亲在崇阳县任知县时审理过一桩三角恋的案件，而其父的判词正是一篇四六体骈文，其判云："呜呼！玷白璧以多瑕，厉实阶离魂倩女；棼朱丝而不治，罪应坐月下老人。所有两造不合之处，俱各免议。此谕。"②

此外，许多明清时期的文学作者也喜于在作品当中掺加一些具有唐判风格的判词，这些判词往往都是点睛之笔。一来这种文学性很强的判词可以为作品增色不少，二来用一篇精彩的判词对

① 转引自梁治平《法意与人情》，中国法制出版社 2004 年版，第 163 页。

② 冯友兰：《三松堂自序》，人民出版社 2008 年版，第 125 页。

整个故事进行总结，可以引起读者的共鸣。

明冯梦龙的《警世恒言》中最著名的故事当属乔太守乱点鸳鸯谱了，乔太守对此案的判词也可谓经典：“……独乐乐不如与人乐，三对夫妻，各谐鱼水。人虽兑换，十六两原是一斤，五百年决非错配。以爱及爱，伊父母自作冰人。非亲是亲，我官府权作月老，已经明断，各赴良期。”①

蒲松龄为报山东学政施闰章提携之恩，在名篇《胭脂》中就引施的一道判词：

> 胭脂：身犹未字，岁已及笄。以月殿之仙人，自应有郎似玉；原霓裳之旧队，何愁贮屋无金？而乃感关唯而念好逑，竟绕春婆之梦；怨标梅而思吉士，遂离倩女之魂。为因一线缠萦，致使群魔交至。争妇女之颜色，恐失“胭脂”；若鸷鸟之纷飞，并托“秋隼”。莲钩摘去，难保一瓣之香，铁限敲来，几破连城之玉。嵌红豆于骰子，相思骨竟作厉阶；丧乔木于斧斤，可憎才真成祸水！葳蕤自守，幸白璧之无瑕；缧绁苦争，喜锦衾之可覆。嘉其入门之拒，犹洁白之情人；遂其掷果之心，亦风流之雅事。仰彼邑令，作尔冰人。②

从此判中可觅唐判之遗风，文章对仗工整，音节铿锵，引经据典，词情并茂，已尽文章之极致。由此可见，南宋时期不为流

① （明）冯梦龙：《警世恒言》卷八“乔太守乱点鸳鸯谱”。

② 蒲松龄：《聊斋志异》“胭脂”篇。

行的唐判形式，到了封建社会后期又再度抬头，不仅在实际判决中融汇了唐判的写作风格和语言风格，而且在一些名著、公案小说中还出现了纯文学性质的判文。这种多元化的发展趋势，使得唐代以来的这种拟判文体对中国封建社会的法律和文化产生了持久的影响，其深度和广度，不容我们低估。

第七章　唐判的当代启示(代结语)

一　对当代司法改革的启示

唐判以其用典精准，对仗工整，语言简洁流畅闻名于世。判书的制作者们多有深厚的文学功底，这是当代司法官所不及的；唐代官吏“法欲必奉”的尊崇法律的精神，也已远远超乎了我们的想象；而信奉“哀矜断狱”的古代儒吏们始终秉持着“情法两平”的法价值观。那么，我国这些传统司法观念对今天的司法官有何影响，在当今的司法环境下还能否有其存在的空间？记得埃尔曼在列举日本法律改革时说：“受儒家思想统治的国家，社会秩序的基础是礼，而不是法”，“日本自 1868 年明治维新开始，将其法律予以极其彻底的西方化，在这个过程中，它已经就法国法、德国法以及后来的英美法加以选择和坦然折中。但是在进行审判和解决个人间冲突的实际程序中，具有两千年历史的儒家思想模式常常要胜过西方模式”。[①] 埃尔曼的这段话折射出传统文

---

① ［美］H. W. 埃尔曼：《比较法律文化》，贺卫方、高鸿钧译，清华大学出版社 2002 年版，第 29 页。

化的强大力量，而我国传统儒家思想的影响要远深于日本。在多元文化所充斥的当今中国，情况亦是如此，如何平复两者之间的张力，如何才能构建真正的司法和谐，这里不能忽视传统文化的力量。

然而，当今中国的司法改革之路走得并不顺畅。在西方实证主义法学盛行之时，中国照搬了西方模式，而忽略了中国本土的文化传统，这使得案件的审理变成了冰冷的机械运动，审判者过于强调制定法的存在意义，而忽视了在某些案件中情与理的重要性，这样的法律就变成了冷血的审判工具，远离了立法之初衷。古人云："小大之狱，虽不能察，必以情"[①]，这就是要求司法官在审理案件时要抱有一种负责的态度，要结合个案的具体案情来慎重地选择法律。《清明集》开篇真西山就言四事与同僚共勉，即"律己以廉，抚民以仁，存心以公，涖事以勤"，这不仅是对司法职业道德的高度概括，其中也隐含了"尽己情察审"的"以仁以公"的断案思想，有幸的是，近几年来，司法界对传统法律文化的重视程度越来越高，注重案情分析，灵活选择适用法律的案例也屡见不鲜。在我们的生活中，希望更多像宋鱼水那样的法官在我们身边，希望像许霆案那样的案件越来越少。

二　唐判对现代法学教育的警世

唐判具有很高的法学研究价值，但毫无疑问，它是应试教育的产物。随着应试人数的不断增大，判词的难度也越来越大，为

① 《左传·庄公十年》载，鲁庄公与大夫曹刿议论鲁国对齐国作战的凭恃，当庄公说他对"小大之狱，虽不能察，必以情"时，曹刿说："忠之属也，可以一战。"

了应对考试，许多士子便预先背诵大量的判文，以备考试时套用，张鷟的《龙筋凤髓判》就是当时的官方考试模板。许多士子不理解判词的真正意思，只能死记硬背，其中还闹出了不少笑话。《朝野佥载》上就记载过武则天时期试判的一些情况：

> 周天官选人沈子荣通判二百道，试日不下笔。人问之，荣曰："无非命也。今日诵判，无一相当。有一道颇同，人名又别。"至来年选，判水除，又不下笔。人问之，曰："我诵水除，乃是蓝田，今问富平，如何下笔。"闻者莫不抚掌焉。①

士子为了应对考试，背诵了两百多道判词，却因试题中人名和地名的改变，不知如何落笔，可谓愚钝至极。这虽是一则夸张的笑话，但从中我们不难看出应试教育所带来的弊端和困扰。当下我国在大学之前的教育方式还停留在应试教育阶段，而进入大学之后，应试教育的惯性还在继续，这与大学的自主创新的学习理念很难接轨。尤其法学教育，除了要学习基本的法学知识外，更重要的是人生阅历的丰富和社会经验的积累，在目前的法学教育体制中，这些是很难做到的。

笔者认为，中国的法学人才培养模式可以概括为三大类，即学业型、职业型和事业型。学业型，顾名思义，学习法律的目的就是为了取得毕业文凭。此类学生法学基础一般，几乎没有从事过法律实践，而且毕业后大多不再从事与法律相关的职业。职业

① 《朝野佥载》卷四。

型，是指毕业后以掌握的法律知识作为谋生手段，从事法律或与法律相关行业的工作，此类型人才由于谋生的手段明确，所以不得不接受司法实践的训练，在案件中积累自身的经验知识。对事业型法律人才的要求是最高的，原因在于此类型不仅停留在将法律视为谋生手段的阶段，而是将法律作为实现人生价值的一份事业来经营，这就要求其不但要有丰富的实践经验，而且还要有从理论上思考法学问题的能力，致力于推动整个法学领域的进步。

在这三类型中，第二类型人数所占比重最大，而要想成为法律职业人，在我国还需要通过司法考试。不得不说，司法考试多少还是应试教育的产物，只不过其知识点庞杂，且通过率小，这些掩盖了它的应试弊端。可喜的是，在近几年的司法考试中，注重对考生分析能力和个人处理案件能力考查的试题崭露头角，例如 2010 年司法考试卷四第三题，题干要求："依据有关法律、司法解释规定和刑事证明理论，运用本案现有证据，分析能否认定张某构成受贿罪，请说明理由"。这就要求考生不但要知晓选择哪款法律规定，更要懂得如何运用该法律规定来解释和适用于本案，该题考察的背后正是以法律发现的方法作为支撑。这种注重对学生分析解决问题能力的考察，也为我国的法学教育发展指出了新的方向。

参考文献

一　古籍类

1.（春秋）孔丘:《论语》，中华书局 2006 年版。

2.（汉）班固:《汉书》，（唐）颜师古注，中华书局 2000 年版。

3.（汉）司马迁:《史记》，韩兆琦主译，中华书局 2008 年版。

4.（唐）白居易:《白居易集（百道判）》，孙安邦、孙翰钺解评，山西古籍出版社 2008 年版。

5.（唐）张鷟:《龙筋凤髓判》，田涛、郭成伟校注，中国政法大学出版社 1996 年版。

6.（唐）李林甫等:《唐六典》，陈仲夫点校，中华书局 1992 年版。

7.（唐）杜佑:《通典》，中华书局 1988 年版。

8.（唐）长孙无忌:《唐律疏议》，法律出版社 1999 年版。

9.（唐）刘肃:《大唐新语》，许德楠、李鼎霞点校，中华书局 2004 年版。

10.（唐）刘餗:《隋唐嘉话 朝野佥载》，程毅中点校，中华书局 2005 年版。

11. （后汉）刘昫：《旧唐书》，中华书局 1975 年版。

12. （宋）欧阳修：《新唐书》，中华书局 2003 年版。

13. （宋）李昉等：《文苑英华（判部）》，中华书局 1966 年版。

14. （宋）王溥：《唐会要》，上海古籍出版社 2006 年版。

15. （宋）宋敏求：《唐大诏令集解》，中华书局 2008 年版。

16. （宋）司马光：《资治通鉴·唐纪》，（元）胡三省音注，中华书局 1956 年版。

17. （宋）幔亭曾孙：《名公书判清明集》，中华书局 1987 年版。

18. （宋）郑克：《折狱龟鉴选》，杨奉琨译，群众出版社 1981 年版。

19. （宋）王谠：《唐语林校正》，中华书局 2000 年版。

20. （宋）范祖禹：《唐鉴》，杨晓敏等注释，新疆青少年出版社 1995 年版。

21. （宋）洪迈：《容斋随笔》，岳麓书社 1994 年版。

22. （宋）王钦若：《册府元龟》，中华书局 1960 年版。

23. （明）冯梦龙：《三言二拍》，岳麓书社 1989 年版。

24. （清）蒲松龄：《聊斋志异》，中山大学中文系《聊斋志异》评选小组选评，人民文学出版社 1977 年版。

25. （清）曹雪芹、高鹗：《红楼梦》，人民文学出版社 1996 年版。

26. （清）董皓：《全唐文》，上海古籍出版社 2007 年版。

27. （清）曾国藩、李鸿章：《绝妙判决书》，海南出版社 1993 年版。

二 著作类

1. 陈寅恪：《隋唐制度渊源略论稿》，生活·读书·新知三联书店 1954 年版。

2. 陈飞：《唐代试策考述》，中华书局 2002 年版。

3. 陈金钊：《法律解释的哲学》，山东人民出版社 1999 年版。

4. 冯友兰：《中国哲学简史》，新世界出版社 2004 年版。

5. 费孝通：《乡土中国》，北京出版社 2005 年版。

6. 管伟：《中国古代法律解释的学理诠释》，山东大学出版社 2009 年版。

7. 霍存福：《复仇·报复刑·报应说——中国人法律观念的文化解说》，吉林人民出版社 2005 年版。

8. 霍存福：《权力场》，沈阳出版社 2003 年版。

9. 贺卫方：《司法的理念与制度》，中国政法大学出版社 1998 年版。

10. 黄宗智：《民事审判与民间调解：清代的表达与实践》，上海书店出版社 2001 年版。

11. 金诤：《科举制度与中国文化》，上海人民出版社 1990 年版。

12. 林端：《儒家伦理与法律文化——社会学观点的探索》，中国政法大学出版社 2002 年版。

13. 刘海年、杨一凡：《中国珍稀法律典籍集成（唐判集）》，科学出版社 1994 年版。

14. 刘作翔：《法律文化理论》，中华书局 1999 年版。

15. 林语堂：《苏东坡传》，张振玉译，现代教育出版社 2007 年版。

16. 林语堂：《吾国与吾民》，陕西师范大学出版社 2006 年版。

17. 吕思勉：《吕著中国通史》，当代世界出版社 2009 年版。

18. 梁治平：《法意与人情》，法律出版社 2004 年版。

19. 梁治平：《寻求自然秩序中的和谐：中国传统法律文化研究》，中国政法大学出版社 1997 年版。

20. 梁治平：《法辨：中国法的过去、现在与未来》，中国政法大学出版社 2002 年版。

21. 龚鹏程：《唐代思潮》，商务印书馆 2007 年版。

22. 瞿同祖：《中国法律与中国社会》，中华书局 2006 年版。

23. 瞿同祖：《清代地方政府》，法律出版社 2003 年版。

24. 任喜荣：《刑官的世界——中国法律人职业化的历史透视》，法律出版社 2007 年版。

25. 田涛：《第二法门》，法律出版社 2004 年版。

26. 谢晖：《中国古典法律解释的哲学向度》，中国政法大学出版社 2005 年版。

27. 温公颐：《逻辑史教程》，上海人民出版社 1987 年版。

28. 汪潜：《唐代司法制度——唐六典选注》，法律出版社 1985 年版。

29. 汪世荣：《中国古代判词研究》，中国政法大学出版社 1997 年版。

30. 汪世荣：《中国古代判例研究》，中国政法大学出版社 1997 年版。

31. 王勋成：《唐代铨选与文学》，中华书局 2001 年版。

32. 徐忠明：《案例、故事与明清时期的司法文化》，法律出版社 2006 年版。

33. 杨建祥：《中国古代官德研究》，上海古籍出版社 2004 年版。

34. 余时英：《士与中国文化》，上海人民出版社 1987 年版。

35. 周庆生：《语言与法律研究的新视野》，法律出版社 2003 年版。

36. 周云之：《中国逻辑史》，山西教育出版社 2004 年版。

37. 赵静：《修辞学视域下的古代判词研究》，巴蜀出版社 2008 年版。

38. 张晋藩：《中国法制史》，高等教育出版社 2007 年版。

39. 曾一民：《唐代考课制度》，台湾商务印书馆 1978 年版。

40. 张兆凯：《中国古代司法制度史》，岳麓书社 2005 年版。

41. [美] 伯尔曼：《法律与革命》，贺卫方等译，中国大百科全书出版社 1993 年版。

42. [美] 德克·布迪、克拉伦斯·莫里斯：《中华帝国的法律》，朱勇译，江苏人民出版社 2008 年版。

43. [美] 德沃金：《法律的帝国》，李常青译，中国大百科全书出版社 1996 年版。

44. [美] E. 博登海默：《法理学——法律哲学与法律方法》，邓正来译，中国政法大学出版社 2004 年版。

45. [美] 黄仁宇：《万历十五年》，中华书局 2006 年版。

46. [美] 黄仁宇：《中国大历史》，生活·读书·新知三联书店 2007 年版。

47. ［美］H. W. 埃尔曼：《比较法律文化》，贺卫方、高鸿钧译，清华大学出版社 2002 年版。

48. ［美］孙隆基：《中国文化的深层结构》，广西师范大学出版社 2004 年版。

49. ［日］滋贺秀三：《中国家族法原理》，张建国、李力译，法律出版社 2003 年版。

50. ［日］池田温：《中国古代籍账研究》，龚泽宪译，中华书局 2007 年版。

51. ［日］池田温：《敦煌文书的世界》，张铭心、郝铁君译，中华书局 2007 年版。

52. ［日］仁井田升：《唐令拾遗》，栗劲、霍存福等编译，长春出版社 1989 年版。

53. ［英］亨利·萨奈姆·梅因：《古代法》，瞿慧虹、高敏译，九州出版社 2007 年版。

54. ［德］马克斯·韦伯：《儒教与道教》，王容芬译，商务印书馆 2004 年版。

55. ［德］马克斯·韦伯：《法律社会学》，康乐、简惠美译，广西师范大学出版社 2005 年版。

56. ［德］马克斯·韦伯：《经济与社会》，林荣远译，商务印书馆 1997 年版。

57. ［德］卡尔·恩吉施：《法律思维导论》，郑永流译，法律出版社 2004 年版。

三　论文类

1. 陈金钊：《文义解释：法律方法的优位选择》，《文史哲》

2005年第6期。

2. 陈金钊：《司法过程中的法律发现》，《中国法学》2002年第1期。

3. 霍存福：《张鷟〈龙筋凤髓判〉与白居易〈甲乙判〉异同论》，《法制与社会发展》1997年第2期。

4. 霍存福：《〈龙筋凤髓判〉判目破译：张鷟判词问目源自真实案例、奏章、史事考》，《吉林大学社会学学报》1998年第2期。

5. 霍存福：《中国传统法文化的文化性状与文化追寻——情理法的发生、发展及其命运》，《法制与社会发展》2001年第3期。

6. 何勤华：《宋代的判例法研究及其法学价值》，《华东政法学院学报》2000年第1期。

7. 蹇长春：《"百道判"及其学术价值——兼论白居易的早期思想》，《西北师院学报》1984年第3期。

8. 刘愫贞：《论白居易〈甲乙判〉语言的价值及其法文化精神》，2009年3月，中国论文网下载中心（http：//www.studa.net/gudai/090209/10511393-3）。

9. 苗怀明：《唐代选官制度与中国古代判词文体的成熟》，《河南社会科学》2002年第1期。

10. 苗怀明：《中国古代判词的发展轨迹及其文化蕴涵》，《广州大学学报》（社会科学版）2002年第2期。

11. 齐陈骏：《读伯3813号〈唐判集〉札记》，《敦煌学辑刊》1996年第1期。

12. 谭淑娟：《吏事的变体与范式的立则——张鷟〈龙筋凤

髓判〉的性质及创作分析》，《贵阳学院学报》（社会科学版）2008年第3期。

13. 谭淑娟：《从科举与唐律的关系看唐代铨选试判的社会作用——以〈文苑英华〉中判文为考察对象》，《兰台世界》2008年第8期。

14. 吴承学：《唐代判文文体及源流研究》，《文学遗产》1999年第6期。

15. 王斐弘：《辉煌与印证：敦煌〈文明判集残卷〉研究》，《现代法学》2003年第4期。

16. 谢晖：《中国古典法律解释的知识智慧——法律解释的知识形态》，《法律科学》2005年第6期。

附录

附录一 《龙筋凤髓判》相关信息统计

序号	卷目名称	判目内容	法律依据	案件性质	判目中的裁定公允否	备　注
1	中书省	漏泄机密判	依律	刑事	待判决	
2	中书省	奏事口误判	依律	刑事	否	
3	门下省	奏状有误判	依律	刑事	公允	
4	门下省	制书有误不奏即改判	依律	刑事	公允	
5	公主二条	出嫁请加礼钱判	依礼	违礼	无判决	张鷟给出意见
6	公主二条	为子求官判	依情理		无判决	张鷟给出意见
7	御史台	有罪必绳判	依律	刑事	公允	
8	御史台	赃状非虚判	依律	刑事	无判决	张鷟作出判决
9	尚书都省	饮酒停制判	依律	刑事	无判决	张鷟作出判决
10	尚书都省	受书纳贿判	依律	刑事	公允	
11	吏部	选人不公判	依令	行政	无判决	张鷟给出意见
12	吏部	官不应置而置判	依律	刑事	无判决	张鷟给出意见
13	考功	求考功法判	依令	行政	无判决	张鷟给出意见
14	考功	贡举混乱判	依律	刑事	无判决	张鷟作出判决

续表

序号	卷目名称	判目内容	法律依据	案件性质	判目中的裁定公允否	备　注
15	司勋	贿作伪勋判	依律	刑事	不完全正确	张鷟纠正判决
16	司勋	犯赃解官判	依情理	行政	有分歧	张鷟认为可叙录为官
17	主爵	妄爵追夺判	依式	行政	公允	
18	主爵	侄男袭爵判	依律	继承	无裁决	张鷟给出意见
19	户部	脱漏人口判	依律	刑事	无判决	张鷟作出判决
20	工部	布供渔阳判	依律	刑事	无判决	张鷟作出判决
21	仓部	淆乱旧章判	依旧贯	行政	待判决	张鷟给出意见
22	仓部	水患减租判	依敕	民事	待裁决	张鷟给出意见
23	礼部	诈为瑞应判	依礼	违礼	待裁决	张鷟给出意见
24	礼部	伪作祥瑞判	依礼	违礼	无判决	张鷟作出判决
25	祠部	度人更试判	依令	行政	公允	
26	祠部	造像违佛法判	依情理	民事	待裁决	张鷟给出意见
27	主客	吐蕃请市判	依礼	外交	待裁定	张鷟给出意见
28	主客	出错不录				
29	兵部	牢城自守判	依律	刑事	待判决	张鷟作出判决
30	国子监	学生无经业判	依情理	行政	否	张鷟给出意见
31	国子监	省试落地判	依令	行政	公允	
32	少府监	盗御茵席判	依律	刑事	公允	
33	少府监	盗玺铸改判	依律	刑事	公允	
34	将作监	非时兴造判	依律	刑事	公允	
35	将作监	役死众多判	依律	刑事、行政	无判决	张鷟作出判决
36	水卫监	造舟用钱判	依理	行政	无裁决	张鷟给出意见
37	水卫监	水工决水判	依律	行政	无裁决	张鷟给出意见
38	沙苑监	供羊起怨判	依礼、依律	外交	公允	
39	沙苑监	祭天降礼判	依式	违礼	有分歧	张鷟给出意见

续表

序号	卷目名称	判目内容	法律依据	案件性质	判目中的裁定公允否	备注
40	苑总监	百姓占苑地判	依情理	民事	待裁决	张鷟给出意见
41	苑总监	增置宫馆判	依律	刑事	待裁决	张鷟作出判决
42	内侍省	欲荐良宦判	依律	行政	待裁定	张鷟作出判决
43	内侍省	恶宦必惩判	依令	行政	待裁定	张鷟作出判决
44	修史馆	修史虚饰判	依律、令	刑事、行政	待判决	张鷟作出判决
45	修史馆	官不称职判	依令	行政	待裁决	张鷟给出意见
46	金吾卫	大理寺丞犯夜判	依律	刑事	公允	
47	金吾卫	咆哮无礼判	依式、律	刑事	公允	
48	左右羽林卫	诛锄逆贼判	依礼	行政	否	张鷟给出意见
49	左右羽林卫	拒门不开判	依礼	刑事	否	张鷟给出意见
50	左右卫	冲御驾断徒判	依律	刑事	公允	
51	左右千牛卫	遗箭仗内判	依律	刑事	待裁决	张鷟作出判决
52	左右监门卫	凶粗酗酒判	依令	行政	否	张鷟给出意见
53	左右监门卫	纳贿给牒判	依律	刑事	待判决	
54	左右屯卫	屯兵备急判	依理	行政	无裁决	张鷟给出意见
55	左右屯卫	将军眇目判	依理	行政	待裁决	张鷟给出意见
56	左右武卫	累石墙灌铁汁判	依理、律	军事	待裁决	张鷟给出意见
57	左右武卫	削橛于塞上判	依理、律	军事	待裁决	张鷟给出意见
58	左右军卫	千里推冰判	依理	军事	待裁决	张鷟给出意见
59	左右军卫	重扩长城判	依理	军事	待裁决	张鷟给出意见
60	左右骁卫	请停四镇判	依律	军事、行政	待裁决	张鷟给出意见
61	左右骁卫	擅用官物判	依律、理	刑事	否	张鷟作出判决
62	左右卫率府	东宫失礼判	依令	行政	公允	
63	左右卫率府	东宫无事发兵判	依令	行政	待裁决	张鷟作出判决
64	太庙	散斋吊丧判	依律	违礼	不完全正确	张鷟纠正判决
65	郊社	大功丧隐而不论判	依律	违礼	否	张鷟作出判决

续表

序号	卷目名称	判目内容	法律依据	案件性质	判目中的裁定公允否	备　注
66	太乐	改朝乐为大象判	依礼	礼乐	无裁决	张鷟给出意见
67	鼓吹	请修乐器判	依令	违礼	否	张鷟给出意见
68	太卜	未卜被弹判	依律、理	刑事	否	张鷟作出判决
69	太医	加药与古方不同判	依律、理	刑事	待定	张鷟给出意见
70	太史	私习天文判	依律、情理	刑事	待判决	张鷟作出判决
71	刻漏	漏生失职判	依律	刑事	待判决	张鷟作出判决
72	良醞	期日酒酸判	依式	刑事	公允	
73	太官	祭馀肉少判	依礼	违礼	待裁决	张鷟给出意见
74	掌醢	未蒙进考判	依令	行政	无裁决	张鷟给出意见
75	珍馐	割截饷送权门判	依律	刑事	待裁决	张鷟给出意见
76	籍田	分田训农判	依例	行政	待裁决	张鷟给出意见
77	亲蚕	皇后亲蚕判	依例	行政	待裁决	张鷟给出意见
78	导官	监守自盗判	依律	刑事	公允	
79	勾盾	此条不完整，不录				

附录二　白居易《甲乙判》相关信息统计

序号	判目内容	法律依据	案件性质	判目中的裁定公允否	《文苑英华》收录情况
1	请用子荫判	依律	刑事	作出处理	
2	辛氏求杀夫判	依礼	违礼	作出处理	
3	拔萃相非判	依礼	守礼	作出处理	
4	冒名事发判	依律	刑事	公允	卷五二二收录
5	请不用赦判	依令	行政	不完全准确	卷五二二收录
6	居丧养老判	依礼	守礼	作出处理	卷五三八收录
7	不报昆弟仇判	依礼	守礼	作出处理	
8	武用文士判	依令	行政	无判决	卷五四二收录
9	不祷违众判	依礼	守礼	作出处理	
10	征辟不起判	依礼	行政	否	卷五一五收录
11	庸调违限判	依律	行政	待判决	
12	煮木为酪判	依令	行政	公允	
13	昆弟相讼判	依礼	违礼	作出处理	
14	射不穿一孔判	依式	行政	否	卷五一三收录
15	同门生丧亲判	依礼	守礼	作出处理	卷五二一收录

续表

序号	判目内容	法律依据	案件性质	判目中的裁定公允否	《文苑英华》收录情况
16	请塞斗门判	依理	行政	作出处理	卷五二八收录
17	秋雩判	依礼	违礼	否	卷五二六收录
18	赈做判	依律	行政	否	卷五二四收录
19	不杀仇人判	依礼	违礼	否	
20	箪醪投河判	依理	军事	否	卷五四一收录
21	免罪不谢判	依理	守礼	否	卷五二二收录
22	妻丧奏乐判	依礼	违礼	作出处理	卷五二一收录
23	子请不从政判	依礼	守礼	否	
24	遇毒判	依律	刑事	作出处理	卷五二二收录
25	不拜赐物判	依律	行政	公允	
26	未七十致仕判	依律	行政	作出处理	卷五四九收录
27	追改判事判	依律	行政	否	
28	将不迎制书判	依律	军事	否	卷五四一收录
29	颁赐折租税判	依令	民事	公允	
30	悔婚判	依律	民事	作出处理	
31	生死付天判	依礼	守礼	公允	卷五四八收录
32	保举智者判	依理	行政	作出处理	
33	边将无勇判	依律	军事	公允	卷五四二收录
34	贡橘毁损判	依令	行政	否	
35	野哭判	依礼	违礼	作出处理	
36	姑前叱狗判	依律	违礼	作出处理	
37	夜进军判	依令	军事	公允	卷五四二收录
38	嫁殇判	依律	违礼	作出处理	
39	移兵判	依理	军事	作出处理	
40	狱病请侍判	依令	行政	否	
41	解牛鸣判	依理	民事	作出处理	卷五四七收录

续表

序号	判目内容	法律依据	案件性质	判目中的裁定公允否	《文苑英华》收录情况
42	俱为命妇判	依令	守礼	作出处理	
43	请驸马判	依格令	违礼	公允	
44	犯夜判	依律	刑事	公允	
45	举荐不当判	依理	行政	作出处理	
46	私陈钟磬判	依律	刑事	作出处理	
47	请封爵赎罪判	依令	行政	否	卷五三七收录
48	同贾分利判	依理	民事	否	卷五三一收录
49	夜越关津判	依律	刑事	作出处理	
50	妄冒婚姻判	依律	民事	作出处理	
51	妻不送晌饭判	依礼	民事	作出处理	
52	奴婢过制判	依律	违礼	公允	
53	修耒耜判	依令	违礼	否	卷五二六收录
54	宿息井树判	依律	刑事	作出处理	
55	擅入馆驿判	依律	刑事	待判决	
56	洪水毁桥判	依理	行政	作出处理	
57	受敌人药判	依律令	军事	公允	卷五四一收录
58	犯专杀判	依律	刑事	作出处理	卷五四二收录
59	请立长子为嗣判	依律	违礼	公允	卷五四九收录
60	出妻判	依律	违礼	作出处理	
61	不除姊丧判	依律令	违礼	作出处理	卷五三八收录
62	身陷贼庭判	依律令	军事	否	
63	士吊大夫丧判	依礼	违礼	作出处理	卷五二一收录
64	试判人继烛判	依理	行政	作出处理	
65	达贵遇故人判	依理	守礼	作出处理	
66	县令慢职判	依令	行政	公允	
67	食于丧家判	依礼	违礼	作出处理	卷五二一收录

续表

序号	判目内容	法律依据	案件性质	判目中的裁定公允否	《文苑英华》收录情况
68	失囚判	依律	刑事	作出处理	卷五二二收录
69	川游判	依令	尚不构成犯罪	作出处理	
70	不缮营部判	依令	军事	无明确判决	
71	醉吐车茵席判	依律	违礼	作出处理	
72	牛牴马判	依律	民事	作出处理	卷五四七收录
73	出妻违限判	依律	民事	作出处理	
74	卖宅奉葬判	依礼	守礼	作出处理	卷五三八收录
75	吏曹判	依令	行政	否	卷五三五收录
76	用父荫判	依令	行政	作出处理	卷五三七收录
77	刺史违法判	依令	行政	作出处理	卷五二二收录
78	私法制书判	依律	刑事	待判决	卷五二二收录
79	稽缓制书判	依律	刑事	作出处理	卷五二二收录
80	盗买印判	依律	刑事	作出处理	卷五二二收录
81	圣水治病判	依理	行政	作出处理	
82	不仕判	依理	行政	作出处理	卷五四九收录
83	不修桥判	依令	行政	公允	卷五四五收录
84	子行盗判	依礼	违礼	作出处理	卷五二二收录
85	贡市井之子判	依令	行政	否	卷五一五收录
86	选人代试判	依律	刑事	否	卷五一五收录
87	同爵位判	依令	守礼	作出处理	
88	取名士判	依理	行政	作出处理	卷五一五收录
89	毁方瓦合判	依礼	守礼	作出处理	卷五一二收录
90	被妻殴判	依律	刑事	否	卷五二二收录
91	无出身判	依令	行政	作出处理	
92	改嫁不还财判	依律	民事	作出处理	
93	大夫交友判	依礼	违礼	作出处理	

续表

序号	判目内容	法律依据	案件性质	判目中的裁定公允否	《文苑英华》收录情况
94	街中种军田判	依令	军事	公允	
95	渔色部下判	依律	刑事	待判决	
96	见刺史不拜判	依礼	违礼	作出处理	
97	冬不献狼判	依令	违礼	作出处理	卷五〇四收录
98	强牵财物判	依律	民事	公允	
99	除丧袭爵判	依格	违礼	待裁决	卷五三六收录
100	士用大夫礼葬判	依礼	守礼	作出处理	卷五三八收录
101	不用父言殉葬判	依礼	守礼	作出处理	卷五三八收录

附录三 《敦煌出土判集》相关信息统计

序号	卷目名称	判目内容	法律依据	案件性质	判决结果
1	麟德二年安西都护府判集	要求增兵判（有残）	依律	军事	无记载
2	麟德二年安西都护府判集	造伪印判	依律	刑事	合律重论
3	麟德二年安西都护府判集	不愿迁徙判	依律	行政	请都护明示指挥
		生死未卜判	依情	行政	待裁定
4	麟德二年安西都护府判集	盼望复员判	依理	军事	不准复员
5	麟德二年安西都护府判集	高头阿龙复婚判	依情、理	民事	同意复婚
6	麟德二年安西都护府判集	不应得为判	依律	刑事	按律处罚
7	文明判集	借贷官钱判	依律	刑事	准盗处罚
8	文明判集	得从母事判	依律	刑事	请依前断
9	文明判集	秦鸾行盗为母追福判	依律	刑事	待判决
10	文明判集	井崩致死判	依律	刑事	待判决

续表

序号	卷目名称	判目内容	法律依据	案件性质	判决结果
11	文明判集	地狭人多判	依令	行政	驳回诉求
		追夺告身判	依律、令	行政	追夺告身
12	文明判集	失马亡弓判	依律	刑事	待判决
13	文明判集	加药窃资判	依律	刑事	估赃量罪
14	文明判集	妄冒成婚判	依律	刑事	情法难容
15	文明判集	黄门诞男判	依律	刑事	奸罪即成
16	文明判集	宅舍过制判	依律、令	违礼	作出处理
17	文明判集	申请义门判	依礼	守礼	允其所请
18	文明判集	取桡致殂判	依理	刑事	天灾不咎
19	文明判集	三断不决判	无判词		
20	文明判集	选人赁马判	依情、理	民事	马不合赔
21	文明判集	求为母尽孝判	依情、理	民事	同意请求
22	文明判集	七十不致仕判	依令	行政	请致仕
		诈病不合宿卫判	依律	刑事	待判决
23	文明判集	离婚判	依令、习惯	民事	离婚书无效
24	文明判集	有残，不录			
25	开元判集	有残，不录			
26	开元判集	月酬不与判	依情、理	民事	足请还酬
		朝祥暮歌判	依礼	违礼	请依科断
27	开元判集	营造卜筮择日判	依令	违礼	是尊令条
		大礼不预申期判	依律、令	违礼	

说明：此附录中有五处为双关判词，所谓“双关”是一种特殊的判词制作形式。题目是两道互不相关的案件，但判文却要求把对两者分析判决结合起来，制作成一道判文。这种一文判两事的判词写作模式，难度比普通判词要大，需要制判者有较高的写作技巧。